「社会に開かれた教育課程」を実現する学校づくり

具体化のためのテーマ別実践事例15

貝ノ瀬 滋 [監修]

稲井 達也・伊東 哲・吉田 和夫 [編著]

JN192270

Ⓖ学事出版

はじめに

　私たちは、すでに超高齢化社会、格差社会、そして AI 社会が進展していく中に生きています。もはや経済の飛躍的な成長は期待できないともいわれています。これからの社会では、ますます人と人とがどう関わりあうかが鍵になってくるでしょう。不安感を煽るわけではありませんが、「今そこにある危機」といっても過言ではないような社会状況なのかもしれません。このような社会状況にあって、子供たちの未来を切り拓く学校教育に対して、「社会に開かれた教育課程の実現」が求めているものは、人と人との「つながり」ではないでしょうか。

　これからの社会では、対等（フラット）であること、多様性を尊重すること、オンラインも含めたコミュニケーションを大切にすること、共に助け合うこと（相互扶助）が大切だと考えます。ICT は身体的な状況や環境の厳しさなど、さまざまなバリアをたやすく超えて繋がり合うことのできるツールです。中でも、社会的マイノリティーに対する多様性の尊重は、旧来の価値観をどう乗り越えていけるかにかかっています。学校はある意味で社会の縮図であり、ごまかしの効かない場所です。保護者、地域社会をはじめ、子供を取り巻く人々の深い理解が欠かせません。

　これからの社会では、学校、保護者、地域住民、地域のさまざまな機関などが、けっして無理することなく、それぞれの「強み」を生かして、協働的な関係を築くことが大切です。「無理をすることなく」というのは、関係性を継続するための要諦です。

　「社会に開かれた教育課程の実現」を通して、学校の教育力をより高めていくことは大きな目的の一つでしょう。しかし、学校に関わる人々がみな幸せな思いをすることが何よりも大切ではないでしょうか。そうでなければ、その中心にいるはずの子供たちが幸せな思いをすることができません。

　金子郁容氏の『ボランティア　もうひとつの情報社会』（岩波新書、1992年）は、発刊から20年以上を経ても、私たちにけっして古びることのないメッセージを投げかけています。金子氏は、ボランティアとは、誰かが困っている状況を「他人の問題」として自分と切り離して考えるのではなく、自分自身も困難を抱える一人として捉えながら、状況を改善できるように「つながり」を持とうとする活動として位置付けています。例えば、被災地に物資を送ることが、たとえ「焼け石に水」だとしても、関心をもつ一人の「当事者」として関わることが大切であるという考え方です。この意味でいえば、私たちは誰もが子供たちの将来に関わる「当事者」なのです。

　学校を一つの拠点として、人々がさまざまなネットワークをつくり、お互いが子供たちの成長に関わること。それは利害を超えた Win-Win の関係性を作り出していくことに他なりません。いわば新たな価値の創造です。

　一人ひとりが内省的な思索を行いつつ、胸襟を開いて関わり合うことが求められています。その手がかりが本書にはたくさんあります。

編著者　日本女子体育大学教授　稲井達也

「社会に開かれた教育課程」を実現する学校づくり
具体化のためのテーマ別実践事例15
もくじ

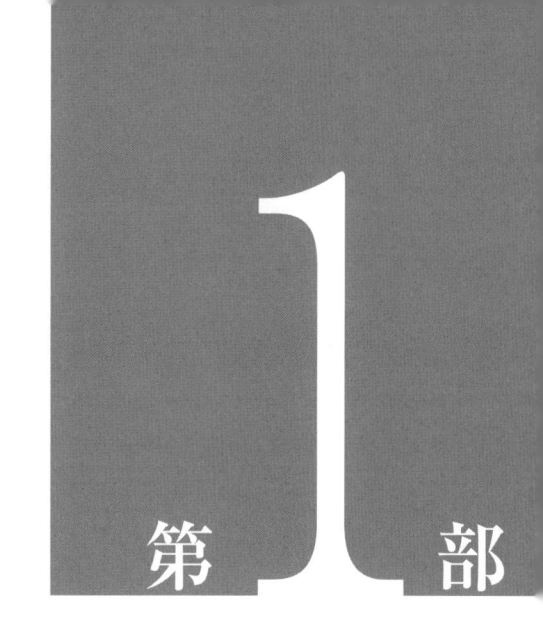

第 1 部

「社会に開かれた教育課程」を
進める学校づくりの概説

1 「社会に開かれた教育課程」とこれからの学校づくり
～多忙化する学校改革の視点から～

1 「社会に開かれた教育課程」とは

　新学習指導要領が公示され、「社会に開かれた教育課程」や「カリキュラム・マネジメント」、「主体的・対話的で深い学び」等、幾つか新しい概念が示された。いずれも、子供たちの未来を開き、豊かな社会を構築していく上での重要概念だが、現場の管理職や教員からは、多忙化や負担増を不安視する声も聞こえてくる。確かに、小学校の時数増や高校の新科目等、新しく取り組むべきことも多いが、一部では正しく伝わっていない部分もあり、その意味でもまずは各概念の意味を正しく理解しておく必要がある。結論から言えば、管理職がその概念を正しく理解し、学校経営上の選択と集中を図れば、現場の負担や多忙感も軽減されるに違いない。

　上述した各概念の中で、特に難解なのは「社会に開かれた教育課程」であろう。これまでも「開かれた学校」や「学社融合」が提唱されてきたが、こうした概念とは何がどう異なるのか、理解が曖昧なままになっている人は少なくない。私が見た限りでは、これを現場の教員が分かるよう、かみ砕いて解説できている文献・資料も、殆ど見つけることができない。しかしながら、「社会に開かれた教育課程」こそは、現在進められている種々の教育改革・教育施策において、扇の要となる概念だけに、提唱された背景も含めて共通認識を図っていく必要がある。

　まず、「社会に開かれた教育課程」が提唱された背景には、我が国を取り巻く危機的な状況がある。2013年6月に閣議決定された第2期教育振興基本計画では、①少子・高齢化の進展、②グローバル化の進展、③雇用環境の変容、④地域社会、家族の変容、⑤格差の再生産・固定化、地球規模の課題への対応などが具体的な課題として列挙され、そうした状況が2011年に起きた東日本大震災によって顕在化・加速していると指摘している。第2期教育振興基本計画は、2013～2017年の5か年計画だが、列挙された①～⑤の課題は、2018年現在においてもほとんど解決されていない。

　中でも深刻なのは、①の少子・高齢化であろう。国立社会保障・人口問題研究所の推計によると、日本の総人口は2053年に1億人を割り、2065年には8,808万人にまで落ち込む

と予想されている（出生中位推計の結果に基づく）。必然的に、より少ない生産年齢人口（15～65歳）で、多くの高齢者を支えねばならなくなる。内閣府の「高齢者白書」によると、1970年時点では9.8人が1人の高齢者を支えればよかったが、2025年には1.9人が1人を支えていかねばならなくなる。つまり、計算上は1人あたりが5倍以上のパフォーマンスを発揮しなくては、社会が維持できなくなってしまうのである。

　安倍晋三首相は、こうした状況を「国難」と指摘し、経済再生と人材育成を大きな柱に据えて、課題解決への道を模索してきた。経済再生については、前述した少子高齢化と生産年齢人口の減少を踏まえ、「Society5.0」を目指すべき社会のモデルとして示している。「Society5.0」とは、狩猟社会（1.0）、農耕社会（2.0）、工業社会（3.0）、情報社会（4.0）に続く、「超スマート社会」のことで、AI（人工知能）やビッグデータ、IoT（モノのインターネット接続）などのテクノロジーを駆使して、徹底的に効率化と最適化が図られた社会を指す。つまり、「Society5.0」への変革を通じ、少ない生産労働人口で高齢者を支える豊かで人間的な社会を構築していくことが、目指されているのである。

　必然的に、「Society5.0」を支える人材の育成が必要となってくる。昨今、AIの進化と普及が人間の仕事を奪うのではないかとの指摘があるが、「Society5.0」においては、こうしたテクノロジーを使いこなす「創造力」や「実践力」が、人間には求められる。その意味でも、学校教育は大きな役割を担っていると言えよう。

　1980年代、日本の学校では校内暴力やいじめなどの課題が顕在化し、学校だけでは対応しきれないようなケースが増えていった。同時に、学校の閉鎖性を指摘する声も高まり、警察や児童相談所などの外部機関、地域社会との連携などが、求められるようになった。この時期から、頻繁に使われるようになったのが「開かれた学校」という言葉である。ここでいう「開かれた」とは、学校が保有する情報を地域に開示し敷居を低くして、「参加」と「協力」を求めていくようなものであった。

　一方、今回提唱された「社会に開かれた教育課程」の「開かれた」とは、学校と社会の連携・協力にとどまらず、先述したような課題や危機を双方が共有し、「社会総がかり」で地域課題の解決をも図っていくことを意味する。みんなが豊かで幸せな社会を創っていける人材を、教育課程を介して地域社会と「つながる」学校づくりこそが重要なのである。すなわち、学校は「より良い社会を創る」ことを目標にし、企業や地域社会も「より良い教育を創る」ことを自覚しながら、互いが当事者意識を持って取り組んでいくことが求められているのである。

　「参加」から「参画」へ、そして「協力」から「協働」へ、「社会に開かれた教育課程」という言葉には、我が国の危機的な状況を打開していくために、より高次なレベルで学校と社会が手を取り合っていくことが求められているのである。

2 「社会に開かれた教育課程」の具体的イメージ

「社会に開かれた教育課程」の具体的なイメージについては、大きく二つの軸で捉えることができる。

一つ目は、保育園・幼稚園から始まり、小学校、中学校、高等学校、大学、実社会へと連なる「縦の軸」である。これまで、日本の学校教育は、各学校段階限りで学習指導要領の定める教育課程を着実に消化することによって、遂行されてきた。しかし、学習指導要領の実施が半ば目的化する中で、縦軸の連携が失われ、実社会とのつながりも意識されなくなっていった。この点は、古くから指摘されてきた課題ではあるが、学校管理職は今一度、「社会に開かれた教育課程」という観点から、指導計画の見直し等を図っていく必要がある。また、一般教員についても、日々の学習指導が他校種の教育課程とどのようにつながり、最終的に実社会でどのように活用できるのか、意識して指導していく必要がある。

二つ目は、「教科と教科」(他教科との関連)、「学校と地域」など「横の軸」である。教科を横断した指導の必要性は、今に始まった話ではなく、生活科や総合的な学習の時間が創設される過程でも、繰り返し議論されてきた。日本の児童生徒は、知識や技能の活用力に課題があることが各種の学力調査等によって明らかにされているが、この点は教科間のつながりが意識されないまま、指導されてきたことの結果と捉えることができる。実社会においては、教科の知識・技能を個別に活用する場面など、ほとんどないからである。新学習指導要領でも「教科等横断的な視点」で教育課程を編成することの必要性は指摘されており、各学校がカリキュラム・マネジメントを通じて実現を図っていく必要がある。

学校と地域のつながりについては、「参加」から「参画」、「協力」から「協働」へという観点から言っても、双方がオープンマインドを持つことが前提となる。学校が地域の干渉を敬遠し、地域や保護者が学校教育に不信感を抱いている状況があっては、「参画」「協働」が望めるべくもない。

地域の課題を解決していくことに向けて、双方が当事者意識を持って学校を経営していくためには、地域コミュニティの力が必要となってくる。戦後の日本は核家族化の進行等により、その機能が急速に衰えていった。学校・地域間のつながりの希薄化は、こうした社会変容と無関係ではない。

2006年に始まった学校運営協議会制度、すなわち「コミュニティ・スクール」は、そうした背景と課題がある中で創設された制度である。2018年4月現在、その数は全国で5,432校に上り、設置が努力義務化された2017年度は1年間で1.5倍にも増加した。発足から12年が経った今、ようやくそのメリットが広く周知されてきた感があり、今後は新たに

創設された「地域学校協働本部」と共に、「社会に開かれた教育課程」を実現していく上でのスタンダードな仕組みとして捉えていく必要がある。

3 学校管理職・教員・教育行政の役割

　新学習指導要領では、「社会に開かれた教育課程」の他にも、「カリキュラム・マネジメント」、「主体的・対話的で深い学び」の実施などが盛り込まれている。また、昨今は「チーム学校」や「特別支援教育」、「道徳科」、「虐待防止」、「いじめ対応」など、学校は多くの取り組むべき課題を抱えている。こうした施策・取組を一つ一つ個別にやり遂げようとすれば、そうでなくとも多忙な学校現場はパンクしてしまうに違いない。

　管理職に必要な視点は、これらの施策を個別なものとして捉えず、一つのパッケージとして捉えることである。最上位目的は、子供たち一人一人が豊かに生きていけるように必要な資質・能力を養っていくこと、そのための方向性として「社会に開かれた教育課程」がある点をまずは押さえておく必要がある。先述した個別の取組は、こうした目的を達成していく上での「手段」であり、どれを選択するか、あるいは集中を図っていくかは、管理職が学校や地域の実情等を踏まえ、適切に判断していく必要がある。すなわち、軽重をつけること、優先順位をつけることが不可欠であり、その意味でも「社会に開かれた教育課程」に始まる一連の教育改革に対し、理解を深めることが求められる。

　個々の教員については、先述したように、自身が行う学習指導の内容が実社会とどのようにつながっているのか、教科間の連携も含めて意識しながら教育活動に携わる必要がある。多様な人々が住む地域や保護者に対してオープンマインドを持ち、教育課程の内外を問わず、恒常的に連携を図っていく懐の深い姿勢も求められよう。

　教育委員会には、まずもって新学習指導要領と一連の教育改革について、管理職や教員に分かりやすく説明していく責務がある。現在、多くの管理職や教員は、次々と降りてくる教育改革に不安を感じており、それを払拭するためにも丁寧な説明を通じて、要点の理解を促すことが求められる。同時に、ICT 支援員の配置をはじめ、学校が一連の改革を実施していく上での条件整備を図っていくことにも期待したい。また、目標を共有して協働の教育を推進する制度化された「コミュニティ・スクール」に対する理解を深め、これを積極的に設置していくことが、「社会に開かれた教育課程」を実現する上での条件整備の一つとなる。

　なお、コミュニティ・スクールの設置については、学校運営協議会が教職員の任用について意見するため、人事の混乱を懸念する向きもある。しかし、先の法改正により任用に対する意見は個別の教職員を対象とするものではなく、学校の教育目標や課題を基に出されるものにすぎず、その点も踏まえて積極的な設置を期待したい。

2 「社会に開かれた教育課程」を実現する教育委員会との連携の在り方

1 なぜ今「社会に開かれた教育課程」が求められているのか

(1)「社会に開かれた教育課程」とは

　平成29年3月に告示された次期学習指導要領総則においては、「社会に開かれた教育課程」について、次のような記述がある。

　「教育課程を通して、これからの時代に求められる教育を実現していくためには、よりよい学校教育を通してよりよい社会を作るという理念を学校と社会が共有し、それぞれの学校において、必要な学習内容をどのように学び、どのような資質・能力を身に付けられるようにするのかを教育課程において明確にしながら、社会との連携及び協働によりその実現を図っていくという、社会に開かれた教育課程の実現が重要となる。」

　つまり、「社会に開かれた教育課程」を実現するために、学校が社会と行うべきポイントは、以下の3点に集約される。

　①教育理念の共有　　②教育課程の明確化　　③連携・協働すること

　その際、学校には、「カリキュラム・マネジメント」を通して教育の質の向上を図ることや、「主体的・対話的で深い学び」を通して子供たちの生きる力を育むこと、さらに、子供たちに何が身に付いたかを評価する学習評価の充実が求められている。

(2) ねらいは「見直し」と「改善」

　皆さんの学校を振り返ってみてほしい。これまでも学校経営方針等で社会と理念を共有し、教育課程を明確に示して、具体的に連携してきたのではないだろうか。

　今を遡ること30年前、当時の臨時教育審議会第三次答申（昭和62年4月1日）では、学校を「開かれた」ものにする必要性が強調されている。また、20年前にも、「21世紀を展望した我が国の教育の在り方について（中央教育審議会 第一次答申）」（平成8年7月19日）において、「学校は、自らをできるだけ開かれたものとし、かつ地域コミュニティーにおけるその役割を適切に果たすため、保護者や地域の人々に、自らの考えや教育活動の現状について率直に語るとともに、保護者や地域の人々、関係機関の意見を十分に聞くなどの努力を払う必要があると考える。」と述べられている。

こうしたことを背景として、学校公開や学校運営協議会、学校評価、地域を題材とした伝統文化教育など、家庭や地域との連携を柱とした取組が様々な方法で行われてきた。

にもかかわらず、この時期になぜ「社会に開かれた教育課程」なのか。

答えは、社会とのつながりから「教育課程」を見直し改善するためである。

では、教職員は自校の教育目標を理解しているか。育てたい子供像を説明できるか。授業の在り方について保護者や地域の方と十分に話し合っているだろうか。様々な活動はしていても、教育の内容までは、必ずしも共有しているとは言えないのではないか。

こうした状況を踏まえ、「どのような子供を育てるのか。子供に必要な教育は何か」という観点から、学校は保護者や地域の方と共に教育課程を見直していく必要がある。

(3) 学校と教育委員会の関係

一方、学校の管理や教育指導面で必要な指導・助言を行う教育委員会。とりわけ、「学校における教育課程、学習指導その他学校教育に関する専門的事項の指導に関する事務に従事する」指導主事は何をすべきなのだろうか。

教育課程については、校長・副校長・教頭会や学校訪問、教員研修等の機会に指導・助言していると思うが、今後 社会に開かれた教育課程 を実現するために担うべき責務とは何か。

それは、指導主事が学校と社会とのパイプ役になって支援していくことである。

本稿では、「開かれた教育課程」を実現するために、学校と教育委員会が車の両輪となって取り組む方策を、大きく、「学校から教育委員会への発信」と「教育委員会から学校への支援」の二つの面から論じていく。

2 学校から教育委員会への発信

(1) 教育委員会へのアプローチ

各学校には、教育基本法や学習指導要領及び教育委員会の方針に基づき「教育目標」がある。例えば、小学校では「よく考える子・思いやりのある子・進んで体を鍛える子」という教育目標を掲げている場合が多い。「知・徳・体」は教育の不易の目標であり、そのためこれまでは「教育目標ありき」で見直しなどしてこなかった学校が多い。

今後、「社会に開かれた教育課程」を実現するために、こうした教育の根幹は堅持しつつ、これからの社会を生きる子供の育成にふさわしい教育目標を見直してはどうだろうか。

その際には、子供たちの状況や地域の実情を踏まえて、教職員はもとより、保護者、地域の方々と話し合い、その過程に、社会とのパイプ役として指導主事を巻き込んでいくことが有効である。学校の気づかない視点からの助言も期待できるからである。

また、校長の学校経営計画は教育目標を実現するために策定される。その際、どういう課題や評価があって、このような計画になっているのか、保護者や地域の関係者にも共有

されているだろうか。学校は、「社会に開かれた教育課程」の視点から、教育目標や学校経営計画の見直しに際して、教育委員会からの助言を積極的に求めていくべきである。

(2) 学校評価の見直しを

学校評価の目的は次の3点である。

①各学校が、自らの教育活動その他の学校運営について、目指すべき目標を設定し、その達成状況や達成に向けた取組の適切さ等について評価することにより、学校として組織的・継続的な改善を図ること。

②各学校が、自己評価及び保護者など学校関係者等による評価の実施とその結果の公表・説明により、適切に説明責任を果たすとともに、保護者、地域住民等から理解と参画を得て、学校・家庭・地域の連携協力による学校づくりを進めること。

③各学校の設置者等が、学校評価の結果に応じて、学校に対する支援や条件整備等の改善措置を講じることにより、一定水準の教育の質を保証し、その向上を図ること。

（文部科学省「学校評価ガイドライン［平成28年改訂］」より）

しかしながら、平成26年度間学校評価等実施状況調査（文部科学省）では、「職員会議等で改善の手立てについて話し合う機会を設けた」学校は90％を超えるのに対して、「保護者や地域住民と改善の手立てについて話し合う機会を設けた」学校は4割程度である。

また、「自己評価における目標の設定に関わった者」は、管理職（96.4％）、担当教職員（73.1％）に対して、保護者（10.8％）、地域住民（5.7％）、設置者関係者（8.6％）となっている。「設置者等による学校評価の結果に基づく支援や条件整備等の改善措置」に「あまり効果がなかった、全く効果がなかった、わからない」と回答した学校が3割程度ある。

これらのデータから、学校評価の根幹となる目標設定に保護者や地域の方が参画せず、教育委員会からの支援も実感できていない実態が浮かび上がる。「社会に開かれた教育課程」を実現するためには、保護者や地域の方からの意見を求めるとともに、教育委員会と一体となって学校評価をより実効性のあるものにしていくことが極めて重要である。

3 教育委員会から学校への支援

(1) 教育委員会からのアプローチ

本来、教育委員会は学校と一体となって教育活動を充実する立場にある。しかしながら、今日、様々な課題を解決するために次々と通知を発してその実施を求める場合が多く、どうしても支援よりも、管理・監督的な立場になりがちである。学校はその対応に追われ、校長が実施したい取組があってもなかなか手が回らない現状もある。

教育委員会の指導主事は、学校の主体的な取組を尊重して適切に評価するとともに、社会に対してもその学校のよさを伝えていくことで学校を支援していきたい。

(2) 教育委員会がアプローチすべき3つの観点

①施策の精選化と重点化

　新学習指導要領の完全実施に向けて、たとえば小学校では、「主体的・対話的で深い学び」、の授業改善、カリキュラム・マネジメント、「特別の教科・道徳」、外国語の教科化、プログラミング学習に取り組んでいる。また、学力や体力向上、いじめ・不登校などの健全育成、特別支援教育、若手教員の育成などの不易の取組に加え、小・中連携教育、教員の働き方改革、部活動指導、「チーム学校」の推進、コミュニティ・スクールの推進など、今日的に取り組むべき課題は枚挙に遑《いとま》がない。

　いずれも重要かつ必要な取組であるが、学校はその量とスピードに追いつけてないのが実態ではないか。教育委員会は学校教育の更なる質の確保・向上を図りながら、「社会に開かれた教育課程」を実現するために、真に取り組むべきことを明確にして、自らが思い切った事業や取組の精選化・重点化を推進しなくてはならない。

②学校裁量の拡大

　「教員の働き方改革」は喫緊の課題である。教育委員会からの調査や業務のために、教員が本来行うべき子供たちへの指導がおろそかになるようなことはあってはならない。公立学校の場合、その地域の学校であればどの学校でも同様に取り組まなければならないことは多い。今後は、その取組が一定程度定着していけば、実施形態や回数等は学校の裁量とする。必要な学校はより厚くできるように、他の取組に重点を置きたい学校は選択して実施できるようにする。こうした学校裁量の拡大により、学校が主体性を持って「社会に開かれた教育課程」の実現に取り組めるよう、教育委員会は支援していきたい。

③教員の資質向上

　教員が一番熱心に取り組むことは、子供たちへの指導に直結する、教科や指導法に関する専門的な研究である。しかしながら、その他の業務に追われて、教材研究する時間の不足や、教科研究団体等への参加もままならない実態がある。

　教育委員会は、子供に身に付けさせるべき学力（学力の3つの柱）を具体化し、それを保護者や地域にも分かりやすく説明する必要がある。また、それらを育てる指導法の研究を推進するため、複数の学校の教員が共通するテーマについて研究できる場と時間を確保するべきである。さらに、将来の管理職やスクールリーダーとなる人材を育成するため、教職大学院への派遣研修などを活用して、教員の資質向上を図っていくべきである。

　いずれにしても、学校は子供やその保護者、地域があっての学校である。学校から教育委員会への発信、教育委員会から学校への支援。この双方向の関係を一層強化していくことができれば、「社会に開かれた教育課程」は必ず実現できるものと考える。

3 「社会に開かれた教育課程」の実現に向けた校長・副校長・教頭の役割 〜スクール・マネジメントの観点から〜

東京学芸大学教職大学院教授・学長特別補佐　伊東 哲

1 「社会に開かれた教育課程」の趣旨

　社会が急激に変化し、学校を取り巻く課題が多様化・複雑化する中で、学校が家庭や地域との連携・協働を通して、教育活動を企画・立案し、展開し、評価していくということが現実に求められるようになってきた。また、子供たちが今後の厳しい時代を乗り越え、未来を切り拓くための力を身に付けることができるよう、学校で学ぶ学習内容と実社会とのつながりをより意識した教育課程を編成していくことについても、喫緊の課題として取り組んでいく必要がある。こうした学校経営の新しい取組は、学校のガバナンス機能を高めるとともに、校長の学校経営をより堅牢なものとしていく上で、きわめて有効な考え方ではあるが、現時点では、このような理念に基づく学校経営や教育活動が現実的かつ具体的に実施できている学校は数少ない状況であろう。しかしながら、こうした新しい学校経営の考え方に基づく学校づくりは、今後、全ての公立学校における校種において急速に拡大していくことが予想される。

　折しも、平成29年3月に示された小中学校学習指導要領（以下「新学習指導要領」とする。）では、従来の学習指導要領の形式を改め、新たに前文を設け、教育の目的やこれからの学校教育のあるべき姿、学習指導要領の役割などを明示し、今後の教育課程の編成に関する基本的な考え方を明示したところである。特に、「教育課程を通して、これからの時代に求められる教育を実現していくためには、よりよい学校教育を通してよりよい社会を創るという理念を学校と社会が共有し、それぞれの学校において、必要な学習内容をどのように学び、どのような資質・能力を身に付けられるようにするのかを教育課程において明確にしながら、社会との連携及び協働によりその実現を図っていくという、社会に開かれた教育課程の実現が重要となる。」ことが示された。このことについては、新学習指導要領の根本的な理念として、学校経営を担う管理職は特に着目をするとともに、今後の学校経営を行う上で重要な視点として、認識を深めていかなければならない。

　また、「社会に開かれた教育課程」の趣旨をより深く理解するためには、新学習指導要領総則のみならず、平成27年8月に示された教育課程企画特別部会の論点整理の内容を確

認することが理解を深める上で有効である。論点整理では、「社会に開かれた教育課程」について以下のように3つのポイントを示している。

①社会や世界の状況を幅広く視野に入れ、よりよい学校教育を通じてよりよい社会を創るという目標を持ち、教育課程を介してその目標を社会と共有していくこと。

②これからの社会を創り出していく子供たちが、社会や世界に向き合い関わり合い、自らの人生を切り拓ひらいていくために求められる資質・能力とは何かを、教育課程において明確化し育んでいくこと。

③教育課程の実施に当たって、地域の人的・物的資源を活用したり、放課後や土曜日等を活用した社会教育との連携を図ったりし、学校教育を学校内に閉じずに、その目指すところを社会と共有・連携しながら実現させること。

校長・副校長・教頭にとっては、学校の教育活動を教育の専門家でないものと創り上げていくことに抵抗感があるとは考えるが、こうした「社会に開かれた教育課程」に関する趣旨を多面的・多角的に理解するとともに、自校の実態や経営状況に照らし合わせながら、新たな学校づくりを目指すことが肝要である。

2 新しい教育課程の編成を通した新たな学校づくり

「社会に開かれた教育課程」を実現するためには、学校内だけでなく、保護者や地域社会の人々を巻き込んだ「カリキュラム・マネジメント」を確立していくことが重要である。加えて、これまでの授業改善の蓄積を継続するとともに、アクティブ・ラーニングの視点に立った指導方法や新たな教材を開発するなどの創意工夫を行い、新しい学校づくりに向けた取組が必要である。特に、新学習指導要領においては、教育課程の編成等について「カリキュラム・マネジメント」を充実していくことが求められており、①教育の目的や目標の実現に必要な教育の内容等を教科等横断的な視点で組み立てていくこと、②教育課程の実施状況を評価してその改善を図っていくこと、③教育課程の実施に必要な人的又は物的な体制を確保するとともにその改善を図っていくことが明記されている。

このような新学習指導要領に示された「社会に開かれた教育課程」や「カリキュラム・マネジメント」を念頭に入れた学校づくりを目指して、具体的な教育課程の編成を行う場合、校長など学校管理職は以下のような点に留意することが重要である。

（1）学校や保護者、地域の実態を的確に把握するとともに、子供の学力・規範意識・体力・生活習慣などの状況についても各種の調査を行い分析する。

（2）学校が抱えている様々な課題の中から、教職員のみならず、保護者や地域の方々の意向等を十分に踏まえた学校の教育目標を設定する。

（3）教育目標の実現を目指して、法令・学習指導要領等に基づき、指導内容や授業時

数、学校行事等を編成する。その際、人権教育やキャリア教育など教育活動全体を通して取り組む課題については、保護者や地域の方々も交えた場を設定して、特別の教科である道徳や総合的な学習の時間を活用するなど、教科等横断的な視点に立った取組を通した教育活動が展開できるようにする。

(4) 教育活動の評価を学校が自己評価し、その評価結果を保護者や地域住民などの関係者が改めて評価し、学校の評価結果と保護者・地域住民等による評価結果との違いを明確にするとともに、意識の違いを改善する取組を保護者や地域住民等と協議していく。

3 「社会に開かれた教育課程」を推進するための校内体制の構築

「社会に開かれた教育課程」を編成できる学校づくりを具体的に実現していくためには、言うまでもなく、様々な場面における学校と家庭や地域との連携・協働が不可欠となる。一例をあげれば、これまで校内だけで教育課程を編成していたときには、学年会や分掌部会など校内の教員だけで検討を行ってきたわけであるが、今後、家庭や地域など社会との連携・協働を現実の問題として具体的に行っていくためには、様々な会議や打ち合わせなどを行う機会や場を設定していかなければならない。これまでも多くの学校で開催されていた学校評議員や学校運営協議会だけではなく、学校の教育目標について検討したり、地域の人材や外部講師を確保したりするなど、学校の教育力の向上を図るために家庭や地域の方々と話し合う環境も整備する必要がある。また、教育課程の実施状況を正しくとらえ、次年度への改善を図るための学校評価をさらに実のあるものとしていくためには、教育活動に対する PDCA サイクルを、家庭や地域の方々も交えて見守っていく体制をより一層堅固なものとしていかなければならない。また、それだけでなく、日常的に発生する諸問題への対応やいじめ問題への取組など、それぞれの学校が抱える課題の解決を図るためには、学校が保護者や地域の方々と教育の在り方やあるべき姿を共有していかなければならない。こうした具体的な連携・協働の方法についても、教育課程の編成との関連の中で検討していくことが求められるようになるだろう。

学校が、家庭や地域との連携・協働に基づく教育課程の編成・実施・評価・改善といったプロセスを着実かつ円滑に実施していくためには、校長・副校長・教頭など管理職のリーダーシップが重要であることは当然のことである。しかしながら、それだけでは学校が組織的に機能することは到底不可能であり、主幹教諭や指導教諭などのミドルリーダーを始めとする全教職員が一丸となって団結し、チームとしての力を発揮していくことが必要である。同時に、「社会に開かれた教育課程」を編成する観点から校内組織を見直し、校務分掌組織を新たに構築していくことが必要である。以下にそのポイントを記載する。

（1）校務分掌組織を見直し、地域等との連携・協働を推進するための新たな部会を設置する。

（2）事務職の機能を見直し、様々な会議等の開催通知の発出、会議等の会場設営等、地域との連携・協働に関わる事務的な業務を担当させる。

（3）主幹教諭及び指導教諭の職務に地域等との連携・協働の推進に関する新たな業務を付加する。

（4）従来から設置されている学校評議員及び学校運営協議会の他に、各学校が必要と思われる分科会的な会議等を設置し、地域等との連携・協働に関わる検討の場を設置する。

4 「社会に開かれた教育課程」を編成していく上での留意点

　学校が「社会に開かれた教育課程」を実現し、教育活動に家庭や地域の力を導入していくことは、急激に変化し先行きの不透明な社会の中で、子供たちの豊かな成長・発達を支援できる極めて有効な方策であると考える。しかしながら、学校にとっては、すでに管理職のみならず、教員の多忙化が日常化しており、文部科学省を始め各自治体においても教員の「働き方改革」について検討が開始されている状況にある。新学習指導要領の基底的趣旨ともいえる「社会に開かれた教育課程」を実現するためには、今までの教育活動や分掌業務では考えられなかった内容の業務が発生することが予想され、校長以下全教職員の仕事量がこれまで以上に増大することは疑いのないことであると考えられる。したがって、今後、「社会に開かれた教育課程」の実現を目指して、学校が社会との連携及び協働を通して、カリキュラム・マネジメントを充実し、アクティブ・ラーニングの視点に基づいた授業改善に取り組んでいくためには、例えば、給食指導を保護者や地域の人々に委託していくことや部活動を教員の手から切り離すこと、また、登下校の見守り業務等を地域社会へ移管するなど、学校の業務をスリム化するなどの方向性を持つことが何よりも重要である。また、「社会に開かれた教育課程」を編成することの意義や有用性を、学校管理職のみならず、一般教員や事務職等のすべての教職員が理解することが必要であり、そのための校内研修会を全教職員対象に行うとともに、ＰＴＡ総会、保護者会などの機会においても、学校側から積極的に発信していくことが重要である。

　加えて、教育課程を編成する最終責任者は校長であるが、各学校が「社会に開かれた教育課程」を実現していくためには、設置者である教育委員会の責任は重大である。各学校の校長が社会との連携及び協働を通した教育課程を編成・実施・評価・改善していく各プロセスに対して、具体的な支援策を準備し、学校にだけ責任を負わすことがないよう、留意しなければならないことを強く提言したい。

「社会に開かれた教育課程」を実現する要としての学校図書館
～学ぶとは知ること、学ぶとは変わること～

日本女子体育大学教授・全国学校図書館協議会参事　稲井達也

1 読書活動で表彰された職業高校

　ここで紹介する沖縄県立美里工業高校は、2017（平成29）年、文部科学省から子どもの読書活動優秀実践校として表彰された。この賞は、都道府県の小学校、中学校、高等学校、公共図書館や民間団体など、都道府県教育委員会の推薦を経て決定される。職業高校が表彰されるケースは多くはない。

　機械科（80名／2クラス）、電気科（80名／2クラス）、建築科（40名／1クラス）、設備工業科（40名／1クラス）、調理科（40名／1クラス）の5学科が設置されている。校地は広く、南国らしく開放的なつくりである。教室は専攻の学科ごとに学年が縦割りで配置されており、専攻科内で学年間の行き来ができるようになっている。

　校訓は、「自主」「敬愛」「勤労」である。個に応じたキャリア教育を推進し、専門教育の充実を図る中で各種の上位資格の取得を推進している。工業分野と調理分野のスペシャリストを育成し、社会の発展に寄与できる人材の育成に努めている。

　外部講師による徹底した面接指導、希望就職先への体験入社、保護者進路相談会などにより、進路指導の充実を図り、進路決定率は90％（2015年度）である。

　運動部活動がとても盛んである。野球部は2014（平成26）年の第86回選抜高校野球大会に出場した。他にも、男子ソフトボール部や男子バレーボール部など多くの部が高い実力を有している。

2 読書活動の充実

　今日の学校図書館は、読書センター、学習センター、情報センターとして位置付けられている。2001（平成13）年に「子どもの読書活動の推進に関する法律」が施行されて以降、政府には、「子どもの読書活動の推進に関する基本的な計画」の策定が義務付けられるとともに、都道府県、市町村に対しては「子ども読書活動推進基本計画」の策定が努力義務とされた。なお、法律がいう「子ども」とは児童生徒を指しており、当然、高等学校も含まれる。多くの市町村が「子ども読書活動推進基本計画」を策定したこともあり、小

学校と中学校では、読書時間や読み聞かせなどの読書活動が導入されるようになり、学校として読書指導に努めることへの認識が広まった。しかし、高校では読書活動は地域や学校によって格差があり、義務教育ほどには浸透していないという課題がある。

　公益社団法人全国学校図書館協議会と毎日新聞社による「学校読書調査」（2017年）では、本を月に1冊も読まない「不読者」の割合が50.4％と依然として高い状況にある。読書指導の充実のためには、学校図書館の活用が欠かせない。学校図書館は単に本を読んだり借りたりする場所ではなく、学習の質をより高めるため、生徒が調査・研究を行い、探究的な学習を行う場所として活用されることが求められている。

　2018（平成30）年3月に告示された高校の改訂学習指導要領では、「総合的な学習の時間」は「総合的な探究の時間」となり、「主体的・対話的で深い学びの実現」、いわゆるアクティブ・ラーニングも含めて、今後は一層授業での探究活動が重視されることが見込まれている。学校図書館は単に本を読む場所ではなく、教育活動の中で、情報活用能力の育成や教科等の学習の充実を図るための中心的な場所として、その重要性は徐々に認識されるようになってきている。

3 学校図書館から展開される豊かな学び

　美里工業高校の学校図書館を担当するのは、国語科教諭で司書教諭の翁長園子教諭と学校司書の奥田悦子氏である。学校図書館では、図書委員会を中心にした生徒の主体的な活動の中で、さまざまな学びが展開されている点に大きな特徴がある。

(1) 学校図書館の活用デザイン

　公共図書館は近年では市民サービスの質を高める工夫がなされ、市民の多様な目的に対応できるように経営が行われるようになってきた。学校図書館もまた、生徒の多様なニーズに応えられるように、司書教諭や学校司書による工夫が必要である。学校図書館は学校図書館法に「教育課程の展開に寄与する」と規定されており、言い換えれば、生徒の教育を第一に考え、教育活動の充実に向けて工夫を図る必要があるということである。これを筆者は「学校図書館デザイン」と呼んでいる。

　例えば、学校図書館で生徒が本に親しんでもらうようにするためには、校内にある学校図書館に生徒が来てもらい、生徒に本を身近に感じてもらうことが大切である。そのためには、学校図書館に来るとさまざまな情報が得られたり、あるいはひと息つけたりする場であることが大切である。

　学校は生徒が教師から評価される場所でもある。しかし、保健室と学校図書館は評価から離れた場でもある。そのことが生徒の気持ちを和らげる場となることにつながっている。美里工業高校の学校図書館は、授業での学びに特化した場ではない。学びの場は授業

だけではないはずだ。美里工業高校の学校図書館は、さまざまな生徒たちが心を緩やかにして語らい合うことのできる場としてデザインされている。訪問した日も、放課後になると生徒たちが気軽に立ち寄り、翁長教諭は生徒に積極的に声をかけていく。生徒一人ひとりの顔が見える学校図書館である。

(2) 専門の学びと学びを広げる

職業高校の生徒には、採用企業の OJT もあるが、卒業後の即戦力も求められている。このため5学科の専門的な内容に対応した図書資料を充実させることは生徒の学習にとって欠かせないことである。また、進路指導部から提供してもらった進路決定情報は学校図書館内に掲示し、進路決定に対する意欲を引き出している。学校図書館内には、進路に関するコーナーを設置している。

テーマを決めて特集コーナーを設けている

工業高校の学校図書館は、高等専門学校と同じように各学科の専門的な図書が書架の多くを占めるだけで単調になりがちである。しかし、社会に出てからは専門的な内容だけではなく、社会人としての人間性や教養も求められる。美里工業高校の学校図書館では、さまざまなテーマを選んで、関連する図書を展示したコーナー（図書の別置）を工夫し、生徒の興味・関心を広げることに努めている。生徒の学習・情報センターして機能する場になっている。美里工業高校の学校図書館は多くの生徒が立ち寄り、思い思いの時間を過ごしたり、友達と語り合ったりしながら本と関わり合う場であり、豊かな学びへ広がってゆく場にもなっている。

(3) 図書委員会活動を手がかりにして

学校図書館を訪れる生徒は本に関心のある一部の生徒に限られる学校は少なくないが、美里工業高校は学校図書館の取り組みを全校的に広げるため、各クラスから選出される図書委員を中心に生徒の主体的な活動を促すように努めている。その特色ある取り組みの一つに「図書館哲学カフェ」がある。生徒が学校図書館に集い、手作りのカードに記載された質問を基にさまざまなことについて語り合う会である。

図書館哲学カフェで話を深めるためのカード

この他にも、年間5回の読書週間、図書館写真コンテスト、本棚作り、公共図書館の見学会などの特色ある取り組みを推進している。

4 戦争の記憶を語り継ぐ

　沖縄に生まれ育ちながら、最近では沖縄戦のことをよく知らない生徒も少なくないという。終戦から70年を超え、戦争経験者の超高齢化が進み、次の世代が戦争体験をどのように語り継いでいくかが課題になっている。歴史とは歴史書に書かれた記述だけではない。記述は書き換えることができる。時として恣意的になる。歴史観が反映される。しかし、記憶は書き換えることができない。歴史とはひとびとの記憶に他ならない。記憶は語り継ぐことで風化を免れるはずだ。戦争を体験した生身の人間の言葉の重みを受けとめ、それをどのように語り継いでいくのか、それは残された私たち自身の問題であり、けっして他人事では済まされない。

　沖縄戦では多くの犠牲者が出た。その傷は今も癒えないままである。戦後体制の中で、戦後の沖縄に基地問題は解決されないまま残り続けていることが大きい。記憶の風化を防ぎ、戦争の記憶を語り継いでいくこと。それは戦争を知らない全ての人々の責任である。

　2015（平成27）年6月20日に、体育館でロング・ホーム・ルーム（LHR）扱いにより、講師に沖縄市役所の市史編集担当主幹・伊敷勝美氏を招いて講演会を開催した。ある学科の生徒の講演会感想文に、「戦争をするのは仕方ない」というものがあったという。翁長教諭は、沖縄の生徒にそういう生徒がいるという現実に大きな衝撃を受けた。学校図書館として何かできることはないか、と考えた。

　翁長教諭と学校司書の桃原さおり氏（当時）は、図書委員会の生徒に働きかけ、戦争体験を伝えることをテーマに、戦争体験者の話を聞こうということになった。

　翁長教諭は、沖縄市の市史編集室を訪問し、戦争体験者を数名紹介してもらった。屋良静子さん（大正11年生まれ,当時94歳）へ電話したが、断られてしまった。そこで、翁長教諭は直接自宅を訪問した。屋良さんにお会いし、講演会を依頼する理由として、戦争をしたいという生徒に対して、どうしても体験談を聴かせる必要性を感じたことなどをお話した。その結果、屋良さんも了解してくださった。その後、翁長教諭と屋良さんは友達のような親しい関係になり、時々、おしゃべりをしに自宅に伺った。

　そして、前述の感想を書いた生徒を含む学科を対象に屋良さんを招き、2016（平成28）年2月に視聴覚室で、「命」をテーマに授業扱いで講演会を開催した。講演会後、屋良さんの話に感銘を受けた生徒たちからは、もっと屋良さんの話を聞きたいという希望が寄せられ、図書館を利用する生徒と屋良さんは懇談した。その語らいの場として、図書館を提供した。

屋良静子さんの講演会のようす

屋良さんと学校図書館で語り合う生徒たち

　その後、図書委員は、屋良さんへのお礼のカードづくりと講演の感想文をまとめるなどの仕事に取り組んだ。

　残念ながら、屋良さんは2018（平成30）年4月に96歳でご逝去された。屋良さんは生徒たちに多くのことを残したに違いない。このささやかな取り組みが大きな一歩になったはずだ。

5　文集づくり

　美里工業高校では、文集の発行は伝統的な取り組みの一つとなっている。司書教諭が担当し、1年間のさまざまな教科の学習成果を文集としてまとめている。これまで「慰霊の日」朗読講演の感想文、校内生徒意見体験発表大会の最優秀・優秀作品、就業体験の感想文などを掲載している。

　生徒の活動の足跡をしっかりと残すことには手間がかかるものの、学校の歴史を刻み、生徒のさまざまな活動を後世に残すという点でも大きな意義がある。

　学校図書館の活動は、ともすると学校全体で共有しにくい面がある。司書教諭が積極的に情報を発信し、他の教師と一緒に何かをしていくことが大切である。翁長教諭は学校司書と連携・協力しながら、学年や教科、校務分掌から情報収集に努めている。

　情報は一方的な働きかけだけでは集まってはこない。常日頃から他の教師と対面のコミュニケーションを積み重ねていくことが必要である。その過程で、他教科の学習内容が具体的につかめたり、学習に取り組む生徒の様

文集づくりは学校図書館担当者の大切な仕事

子がわかったりする。文集もまたその日頃の積み重ねの一つに他ならない。

6 カリキュラム・マネジメントの視点

　美里工業高校の場合、学校図書館担当者が、行事、文集づくりなどを通して、学年と教科をつないだり、教科の取り組みを伝えることを通して教科と教科をつないだりする。特に高校ではなかなか他教科の実践を知る機会がない。だからといって、自分から他の教師に聞くこともあまり見られない。そういう教員文化の中で、教科と教科をつなぐのは、結局、教師と教師をつなぐということに他ならない。その働きをするのが司書教諭である。

　カリキュラム・マネジメントのためには、まずは他教科の実践を知ることである。授業の年間指導計画を整えている高校は多いが、文字から授業の実相は把握しにくい。ボトム・アップのための仕組みづくりが必要である。しかし、学校はトップ・ダウンの組織構成になっているため、時にはスピート感を持てず、柔軟性に欠ける事態も生じる。

　これからの学校に大切なのは、役職にとらわれない「フォロワー・シップ」（組織の目的達成に向けて、自主的な判断や行動により他の人を補佐する機能・能力）である。教科にも横断的な取り組みが求められている。学校図書館担当者には、縦割り化された高校という組織内で、教科や学年などの分掌に横断的に関わる役割が求められているのではないだろうか。そういう人を増やしていくことこそ、日々の具体的なカリキュラム・マネジメントになる。カリキュラ・マネジメントは、管理職や教務主任だけではなく、一人ひとりの教師にも任されているのである。

　美里工業高校の戦争体験者を招いての取り組みは、社会に開かれた教育課程の実現の一例として考えることができる。屋良さんの講演会は、生徒と社会が世代を超えてつながった実践である。

　このような社会に開かれた教育課程の実現を目指した取り組みの基盤を支えるためには、校内の風通しの良さが必要である。社会に開かれた教育課程やカリキュム・マネジメントは、校内で情報を共有し、交流させることから始まる。

「社会に開かれた教育課程」の
具体を生み出す方法的枠組みについて

玉川大学教師教育リサーチセンター客員教授　吉田和夫

「社会に開かれた教育課程」の具体は、学校現場の状況に伴い多様に変化する。つまり、どこでもそのまま通用する普遍的な実践はなかなか考えにくい。しかし、逆に言えば、学校を取り巻く条件や環境がある程度共通しているならば、その実践を対象化して、自校に生かすことができる。ここでは、実践を生かすための方法的な枠組みについて考察したい。

下図は私がしばしば用いる「主体的・対話的で深い学び」のための概念図である。単元の構造を四層（起承転結）で示し、授業をⅠ・Ⅱ・Ⅲ・Ⅳ層と展開させるのである。

まず左下のⅠ層「起」「知の学び」がある。全ての学習は知ることから始まる。そのためには「知りたい」と思うこと、つまり「主体的な学び」が必要で、疑問をもち、それを解決しようとする動機が大切である。「知ること」が全ての学びの前提である。次にⅡ層「承」「理の学び」が続く。「知ったこと」を「理解する」ことが大切で、内容も分からずただ暗記しても意味がない。このⅠ・Ⅱ層は基礎的な学習となる。そして学習は次のⅢ層「転」「伝・教の学び」に続く。これは発表・学び合い・教え合いなど「対話的な学び」の実現である。

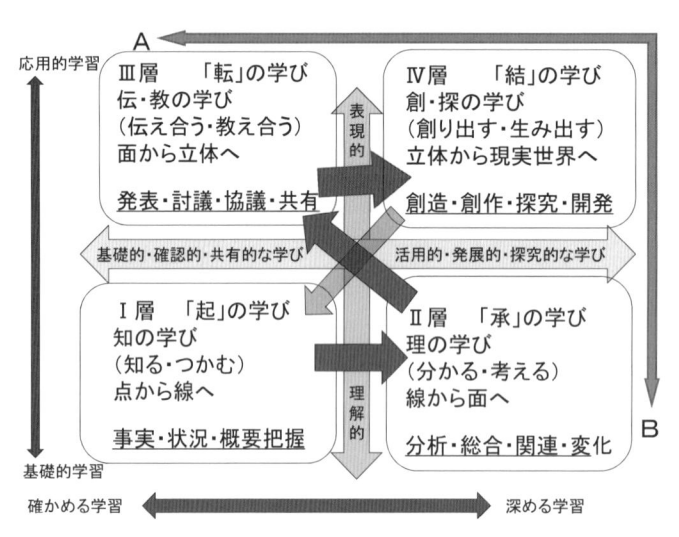

ここからは応用的な学習となる。そして、最後はⅣ層「結」「創・探の学び」である。このⅣ層ではこれまでのⅠ〜Ⅲ象の学習を活かした発展的な「深い学び」の学習となる。これは新たな内容を創り出し、探究する学習であり、それらを実現するために、必要に応じてⅠ層の「知ること」に立ち戻り、新たな学習サイクルを形成するのである。

これらの学習構造を踏まえ、「社会に開かれた教育課程」の具現を図る枠組みが、Ⅳ層からⅡ・Ⅲ層にかけて示す矢印Ａ・Ｂの方向である、「社会に開かれた教育課程」はⅣ層を中心に、既存の学校教育では実現しにくいAuthentic（オーセンティック・真正）な学びを、生涯学習との接続の中で、地域社会と学校がカリキュラムを開発し実践していくのである。

第2部

「社会に開かれた教育課程」を進める学校づくりの実践事例

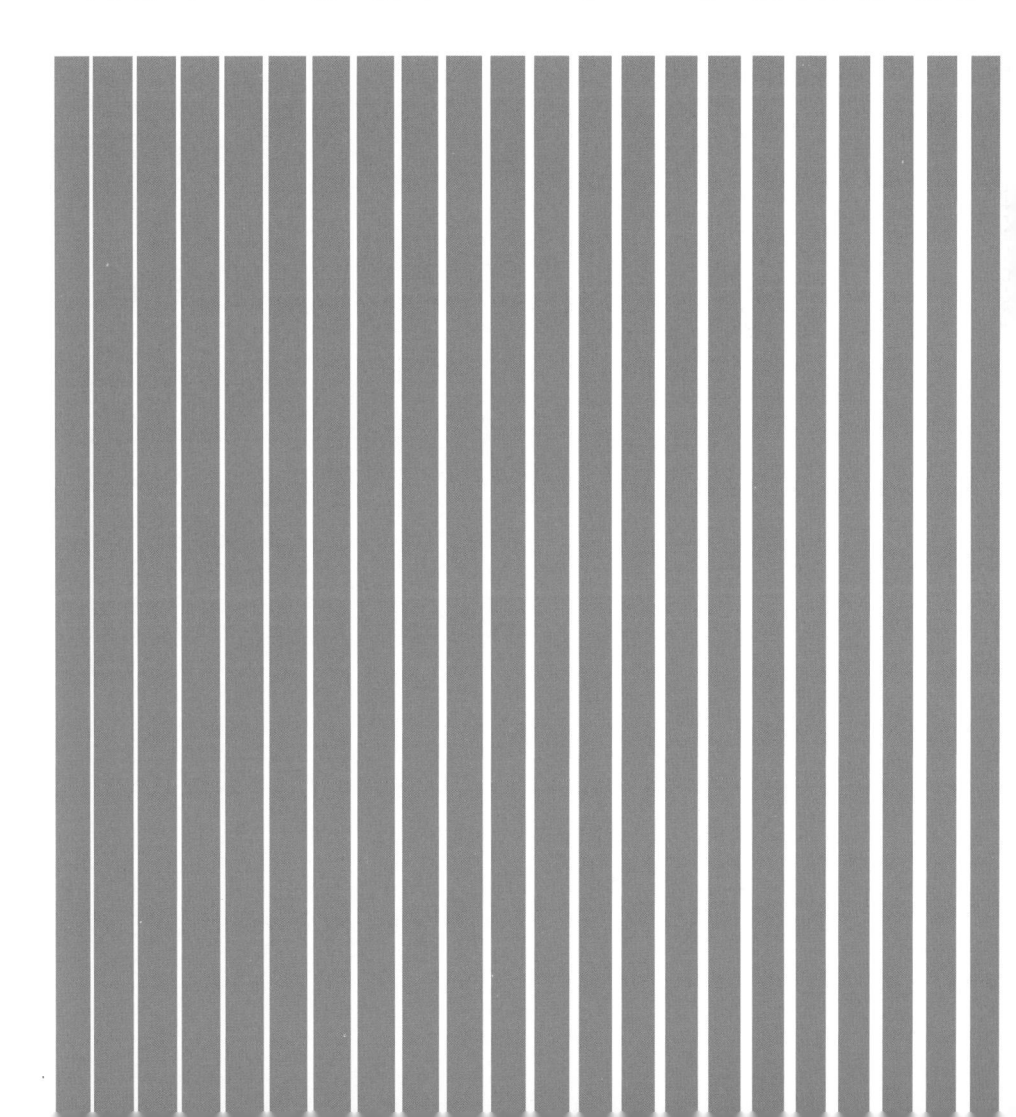

コミュニティ・スクール

1 地域との協働で作り上げる防災授業
～9年間の系統立てたカリキュラムへの位置づけと地域づくりをつなぐ～

一般社団法人みたかSCサポートネット代表理事
元三鷹中央学園コミュニティ・スクール委員会会長　四柳千夏子

1 実践のねらい

　私たちサポートネットが活動の拠点としている、コミュニティ・スクールを基盤とした小・中一貫教育校三鷹中央学園（第三小学校、第七小学校、第四中学校）で防災教育が始まったきっかけは、むしろ私たち地域の側にあった。東日本大震災を契機にもった思いは、「自分の命は自分で守る（自助）・互いに助け合う（共助）」という二つの力を持てるよう、子供たちに伝えていきたいということだった。

2 主な内容

　日ごろ学校教育支援をしている私たちは、学校に働きかけた。中学1、2年の総合的な学習の時間に組み入れてもらい、仮設トイレの組立と解体や応急救護などの授業を2時間行った。さらに、学んだことを地域の防災訓練で披露してもらった。200名を超える中学生、教員、保護者が防災訓練に参加し、訓練は大成功を収めた。

当日参加の中学生も、支援物資搬出訓練などで活躍できる場を設けている。

　それ以降、毎年改善を加えながら、中学1、2年への防災授業→防災訓練への参加募集→防災訓練への参加（任意）という流れが確立した。さらに、その間、小・中一貫教育校9年間の全体計画を三鷹中央学園として立案していただき、各校の教育課程に位置付けていただいた。めざすべきゴールは中学3年生の姿だ。学校が全体の教育計画をたて、学校

中学1年の防災授業：日赤奉仕団の方に
三角巾を使った応急救護を教えてもらう。

運営協議会が承認し、めざすものを共有する。それを私たちサポートネットがコーディネートして実践につなげている形だ。授業を実施するにあたっては、先生が作成した授業案に基づいて、事前打ち合わせをする。授業をしたら、振り返りをして先生といっしょに成果と課題を確認して、次年度に申し送るための記録をつくる。放課後の限られた時間だが、これを行うことによって、年を追うごとに練りあげられた授業になってゆく。担任が替わっても、地域のメンバーが替わらないことで、細かな段取りなどが円滑になる。時には、先生の発案で全く新しいものを取り入れたりすることもある。

3 活動の実際

現在では、三鷹中央学園防災教育全体計画（表1，2）に基づき、小学1年から中学3年まで、すべての学年で防災授業を行っている。たとえば、第三小学校の1年では、学級活動2時間「じぶんのいのちをまもるために－じじょ－」という単元で、家の備えについて調べる。学級で発表交流会をし、私たちサポートネ

第三小学校1年の防災授業

ットがゲストティーチャーとなって避難訓練時の約束事やいざというときの身の守り方などを子供たちと学ぶ。また、この授業を学校公開日にあてることで、多くの保護者にも知ってもらう。子供の学びが家庭の防災力向上につながっている。

第三小学校1年の防災授業：いざというときの身の守り方を実際に身振り手振りで身に付ける。（2017年度）

第三小学校1年の防災授業：おうちの備えを調べてきて、グループで発表交流会（2016年度）

表1

平成２９年度　三鷹中央学園　防災教育全体計画

三鷹中央学園総合委員会

学園教育目標

地域や自他を愛し、自らの未来を主体的に切り拓く、自立した児童・生徒を育成する。

目指す学園生像

すすんで学ぶ人　感謝と思いやりの心をもつ人　たくましい心と体をもつひと　地域・社会に貢献する人

【三鷹中央学園防災教育の目標】

【自 助】	◎危険を予測する力	：自分のいる場所や住む街の状況を理解し、災害時にどのような危険が起きそうか、自分で考え、予測することができる。
	◎安全を確保する力	：災害が起きた時、自分で考えて、状況に応じて避難する等、自分の体や命を守る行動をとることができる。
【共 助】	◎周囲と共に助け合う力	：自分の安全だけでなく、友達や周りの人の安全も考えながら、自分のできることを考え、行動することができる。
【公 助】	◎地域の安全に貢献できる力	：家庭や学校、地域の安全のために、自分のできることを考え、行動することができる。

各学校における防災教育の目標

第四中学校　防災教育の目標

3年	～共助～ ○避難所としての学校：防災のねらいを確認し、避難所としての学校について考える。○防災倉庫の中身を知る。：地域の減災のための行動について理解し考える。○訓練の実際について：避難所としての学校を想定して、防災訓練の実際について考え理解を深める。
2年	～自助から共助～ ○地域を知る　：防災のねらいと地域について理解し、考える。○減災について：地域の減災のための行動について理解し、考える。
1年	～自助～ ○災害について理解する：防災のねらいと災害について理解する。○自分の命を守る：自分の命を守るための行動について理解する。 ○日頃の備えについて　：自宅でのもしもの備え、自宅の中及び周辺の安全について考える。

小学校防災教育の目標 / 資質・能力	知識・技能	思考力・判断力・表現力	学びに向かう力・人間性等
6年 / 防災意識を高め、様々な危険を予測し、災害発生時に自分の身を守るとともに、自分のできることを考える。	自然災害のしくみや危険を理解し、防災や減災、自他の安全のために必要な知識や技能の基礎を身に付けている。	自分のいる場所や地域の状況を理解し、必要な情報を集める力、災害時にどのような危険が起きるか予測する力、安全な行動を選択する力を身に付けている。	自他の生命を尊重し、災害時及び発生後に、他の人や地域の安全のために、自分たちにできることは何かを考え、行動しようとする態度を身に付けている。
5年 / 災害発生時に被害を減らすために、危険を予測し、回避する方法や日常の備え、生活の工夫を考える。			
3・4年 / 防災と自分たちの生活とのかかわりについて知る。過去の災害を理解し、地域の危険を予測し、回避する行動を考える。三鷹市の防災対策を知る。	災害時の学校や地域の危険性や地域の防災活動の基礎を理解し、安全な行動をとるための知識や技能を身に付けている。	災害時の学校や地域での危険を予測し、自分で考え安全な行動をする力を身に付けている。	地域防災や避難所などに関心を持ち、自分たちにできることは何かを考え、行動しようとする態度を身に付けている。
1・2年 / 身の回りの危険に気付き、約束を守って安全な場所に避難する方法を知る。災害発生時の緊急避難行動を知る。	災害時の安全な避難や自分の身を守るための知識や技能を身に付けている。	災害時に、学校や家庭で身を守り避難する方法を、約束や訓練を思い出して行動する力を身に付けている。	災害時の危険を認識し、自分の安全を守るための方法を考え、行動しようとする態度を身に付けている。

表2

各学校における防災教育の活動内容

第四中学校　防災教育の活動内容

3年	総合「防災倉庫の整理、避難所の設置」【3】（3月） ・防災倉庫の中身を出し、体育館に避難所を設置する。 ＊「カンガエル地域防災」 総合「救命救急講習」【5】（3月）・・・1年生への移行のため、平成29年度まで実施
2年	総合「仮設トイレの設置、解体」【3】（9月） ・体育館に仮設トイレを設置し、解体する。 ＊「カンガエル地域防災」
1年	総合「防災体験授業」【3】（9月） ・担架搬送・バケツリレー・防災倉庫確認・煙体験・校舎内にあるトイレや水道の数確認・AED設置場所確認・三角巾での応急措置 総合「救命救急講習」【5】（6月） ＊「カンガエル地域防災」

第三小学校　防災教育の活動内容

6年	総合「防災意識を高めよう」【4】（10～11月　3月） ・救命入門コースの受講 ・命を守るために必要なことについて考える。 ・大地震が起きた時に取るべき行動（グループ協議） ＊「3.11をわすれない」「防災ノート」 ＊「カンガエル地域防災」 社会「地方公共団体や国の政治の働き（災害復旧の取組）」 理科「土地のつくりと変化（火山の噴火や地震）」
5年	総合「被害を防ぐ防災」【4】（10～11月　3月） ・救急基礎コース受講 ・地震や津波の仕組みを知る。 ・被害を少なくするために必要な防災用品を考える。 ・非常用持ち出し袋を考える。（地震と安全） ・災害ダイヤルの使い方を知る ＊「3.11をわすれない」「防災ノート」 社会「自然災害の防止」「情報化した社会と国民生活」 理科「流水の動き」「天気の変化」（風水害）
4年	社会「消防署見学」（4月） ・「地域社会における災害の対策（火災・風水害・地震）」 総合「地震と安全について考えよう」【3】（2月） ・地震と安全を考える。自助・共助を知り、自分ができることを考える。 ・三鷹市の防災対策や学園の取り組みを知る。公助を知る。防災倉庫やマンホールトイレの見学、非常食の試食を行い、公助について知る。 ＊「地震と安全」「防災ノート」
3年	総合「災害時の危険を予測する」【3】（11月） ・社会科「町探検」を通じて地震が起きたら学校の周りがどうなるかを考える。 ・過去の地震の被害を知り学校の周りの危険を予測して行動を考える。 ・地震による自分たちの生活への影響を考える。 ・地震に備え今できることは何か考える ＊「防災ノート」「地震と安全」
2年	学級活動「自分の命を守る」【3】（10月） ・校内の様々な場所での身の守り方を考える。 ・地域の方といっしょに、校内の危険な場所、安全な場所を探し、安全のための工夫、装置、設備について知る。（防火シャッターなど） ＊「地しんと安全」「防災ノート」
1年	学級活動「自分のいのちをまもる」【3】（11月） ・避難訓練の方法を知る。（防災頭巾、整列） ・地震が起きると物が落ち倒れることを知る。 ・教室で地震が起きた時の避難方法を知る。 ・机の下にもぐることを知る。 ・教室、階段、校庭などの避難の方法を知る。 ・事前に備える工夫について考える。 ・家で災害に備えていることを調べ発表する。 ・保護者の話や地域の方の話を聞く。 ＊「地しんと安全」「防災ノート」 生活「学校や通学路の安全　地域で安全を守る人」

第七小学校　防災教育の活動内容

6年	行事「防災教育授業」【1】（2月） ・首都直下型地震を想定した意見交換を行い、防災についての考えを深める。 総合「防災意識を高める」【10】（通年） ・自分の命を守るために必要なことを考える。 ・災害時に自分のできることを考える。 ＊「3.11をわすれない」「防災ノート」 ＊「カンガエル地域防災」 社会「地方公共団体や国の政治の働き（災害復旧の取組）」 理科「土地のつくりと変化（火山の噴火や地震）」
5年	行事「防災教育授業」【1】（2月） ・首都直下型地震を想定した意見交換を行い、防災についての考えを深める。 総合「被害を防ぐ」【4】（通年） ・地震や津波の仕組みを知る。 ・被害を少なくするために必要な防災用品を考える。 ・災害ダイヤルの使い方を知る。 ＊「3.11をわすれない」「防災ノート」 社会「自然災害の防止」「情報化した社会と国民生活」 理科「流水の動き」「天気の変化」（風水害）
4年	行事「防災教育授業」【1】（2月） ・防災倉庫の備蓄品に限りがあることに気付き、日頃の防災対策の必要性と、非常用持ち出し袋の中身を考える。 社会「安全なくらし」 ・校内の消防設備調べ ・消防署見学 ・地域の消防設備調べ ・「地域社会における災害の防止（火災・風水害・地震）」 総合「予測する、回避する」【3】（9～10月） ・三鷹市の防災対策を知る。 ・防災と自分たちの生活とのかかわりについて考える。 ・危険回避の方法を考える。
3年	行事「防災教育授業」【1】（2月） ・防災倉庫の備蓄品を知り、公助について考える。 総合「予測する、回避する」【3】（9～10月） ・三鷹市の防災対策を知る。 総合「地域の安全を守ろう」【20】（10～1月） ・学区内の危険性の高い場所を見つける方法や、対策について考え、安全マップにまとめる。
2年	行事「防災教育授業」【1】（2月） ・「おかしもち」の確認 ・災害発生時の緊急避難行動を知る。 ・地域のつながりが防災の役に立つことを知る。 ＊「地しんと安全」「防災ノート」
1年	行事「防災教育授業」【1】（2月） ・「おかしもち」の確認 ・災害発生時の緊急避難行動を知る。 ・地域のつながりが防災の役に立つことを知る。 ＊「地しんと安全」「防災ノート」 生活「学校や通学路の安全　地域で安全を守る人」
全学年	行事「バーチャル防災体験」【1】（2月） ・情報機器を活用して火災・洪水時の様子を体験する。 ・災害発生時の緊急避難行動を知る。

地域の防災活動との連携

三小「防災体験キャンプ」（おやじの会主催）（夏休み）　＊第三小学校5・6年自主参加
七小「地域防災キャンプ」（おやじの会主催）（10月）　＊第七小学校5・6年自主参加
四中「地域の防災訓練」への参加　中学生仮設トイレの組み立て・解体等実施　＊小学生自主参加

4 成果と課題

　小・中一貫教育校9年間の連続性のある学びを積み上げながら自助・共助を身に付け、地域に出て行って学んだことを披露することによって、自分も地域の一員であることを自覚できる。さらに、若い力が参加することで地域の防災訓練が活性化し、地域の防災組織も元気になっていく。今では、中学生の参加なくして防災訓練はありえない、といわれるまでになった。課題は、防災訓練の日程が日曜日であり任意参加のため、中学生の参加人数がその年によって流動的であることや、休日勤務となる教員の負担があるが、地域も一緒に課題に向き合い、解決の道を学校とともに模索している。

授業で教わったものを、防災訓練の場で地域住民に教えてあげる。地域住民も中学生の説明に熱心に耳を傾けてくれた。

5 実践するときの留意点

　大切なのは、めざすべき到達点だ。私たちは、子ども防災士や仮設トイレ組立職人を育成したいわけではない。災害時に、大人の指示がなくても自分の命を守れる自助の力、地域の防災訓練で活躍することで、自己有用感を育て、互いに助け合える共助の力を持つ人になってほしい、という当初の目的をしっかりとねらいに位置付け、学校と地域が思いを共有しながら協働で授業を作り上げることが大切な視点である。防災は手段の一つであり、その先には私たちと同じ地域に住む子供たちが、地域の一員として学び、育つことに責任をもつ、という私たち地域の願いがある。

訓練では、小学生も中学生の活躍する姿に触れ、中学生への憧れの気持ちをもつ。

2 保幼小連携教育
「連携教育の日」の教員交流から 「学び方スタンダード」の共有へ

東京・江東区立第一亀戸小学校　校長　関　哲也

1 幼小連携教育の必要性

　江東区では、平成23年3月に「教育推進プラン江東」を策定した。その中で、0歳から15歳までの子供たちがそれぞれの成長段階で「生きる力」を育んでいくためには、学校と家庭と地域が手を取り合い、連携して教育していくことが重要であるとしている。それを受け、平成24年度に新たに策定した「江東区保幼小中連携教育プログラム」を基にした連携教育が現在進められている。保幼小の連携が重視された背景には、小1プロブレムや学校不適応等の課題解消もある。その課題解消に向けた取組として連携教育の充実が求められているのである。

　また、今回の学習指導要領の改訂では、幼児教育から高等教育までを一貫した「求められる資質・能力」が示されている。特に、平成30年度より実施された保育所保育指針、幼稚園教育要領、幼保連携型認定こども園教育・保育要領において、幼児期までに育ってほしい10の姿が示されたことは、それに基づいた幼児教育の実践とともに、小学校教育との円滑な接続が求められている、ということである。同様に、平成32年度から実施される小学校学習指導要領には、幼児期の教育を通して育まれた資質・能力を踏まえて教育活動を実施することが求められている。

　そこで、今までの幼小連携教育の成果と課題を検証し、連携教育の取組をさらに充実・改善させていかなければならない。そのために、保育所・幼稚園の保育士・教員と小学校教員がおたがいの教育についての理解を深めることは必須である。それを踏まえて、就学前教育と小学校教育の互恵性・連続性のある取組や、地域の特性や施設の状況に応じた効果的な連携教育を工夫していかなければならない。

2 学校の状況

　本校は、亀戸天神のお膝元、江戸情緒と下町風情の薫る亀戸の地にあり、開校120年を超える歴史と伝統のある学校であり、地域からも温かく支えられている。

　また、本校には年少（4歳児）1学級、年長（5歳児）1学級、計2学級の小規模ではあるが併設の幼稚園があり、連携教育の中心となっている。ただし、江東区には20の公立幼稚園と数多くの私立幼稚園、保育園・保育所があり、本校にはいくつかの幼稚園・保育所等から入学してきている。

　そんな本校の保幼小連携教育は、区の施策によるものと本校独自の取組の大きく2つに区分される。

3 江東区の取組

(1) 保幼小中連携教育の日

　江東区では、中学校区の小学校、幼稚園、保育所を1グループとして年2回「保幼小中連携教育の日」を実施している。これは、教員が互いの教育についての理解を深める機会である。また、この機会に教員同士が顔見知りとなること、それぞれの子供の情報交換を通じて、同じ地域の子供をともに育てるという姿勢の醸成につながっていく。

　当日の具体的な内容は、保育所・幼稚園、小学校、中学校いずれかの教育活動を参観し、その後テーマを決めて協議会を行うことが一つの形である。

　ここで、2月に本校で行われた「連携教育の日」について紹介する。当日は各学年1学級で、道徳の授業、オリパラ教育に関連した授業、外国語活動を授業公開した。その後、参観したテーマに合わせた3つの分科会で協議会を行った。全体会では、各分科会協議の報告が行われ、私立・公立幼稚園に幼稚園教育の実際を紹介してもらうとともに、幼稚園教育要領について「幼児期までに育ってほしい10の姿」を中心に説明を行った。

1　公開授業
2　分科会
① 道徳性育成について
② オリパラ教育について
③ 英語教育について
3　全体会
① 分科会報告
② 幼稚園教育の紹介

　今回の取組においては、各教員が学びの連続性について再認識する機会となった。特に幼児期における遊びを中心とした活動が小学校の教科指導にどのようにつながっていくのか、小学校教育で育む資質・能力が幼稚園・保育所のどのような活動により支えられているのか認識を深めたことは大変有意義であった。

(2) こうとう学びスタンダード

　江東区では、全ての児童生徒に身に付けさせたい内容を示す「こうとう学びスタンダード」を設定している。「こうとう学びスタンダード」には、「学び方」「体力」「国語」「算数・数学」「英語」の5つがある。その中の「学び方」は、確かな学力の向上を図る上で必ず身に付けてほしい学習習慣の根幹となるもので、「持ち物・着席・挨拶・姿勢・話し方・聴き方・返事・家庭学習」の8項目が示されている。

　また、「体力スタンダード」には、「マットでまっすぐ前に回ることができます」「ボールを力一杯遠くまで投げることができます」「短い距離をスピードに乗って速く走ることができます」等の項目があり、幼稚園・保育所等でも遊びに取り入れることができるものになっている。

「学び方スタンダード」
- □　持ち物　前日に必要な学習用具を準備します
- □　着　　席　授業の始まりの時間を守り、席に着きます
- □　挨　　拶　授業の始めと終わりにあいさつをします
- □　姿　　勢　背筋を伸ばした姿勢で座ります
- □　話し方　声の大きさを考えて、ていねいな言葉づかいで話します
- □　聴き方　話している人を見て、最後まで静かに聴きます
- □　返　　事　名前を呼ばれたら「はい！」と返事をします
- □　家庭学習　学年ごとに時間を決めて、家庭学習に取り組みます

　これらの「学び方スタンダード」は、しばしば保幼小中連携教育の日の協議会で取り上げられ、幼稚園・保育所等とも共有している。そして、幼稚園・保育所等でもその内容を教師が意識した体験や学びが、就学前教育の中で実践されている。

　今後は、「学び方スタンダード」と「幼児期の終わりまでに育ってほしい姿」を共有した上で、その内容を十分に理解し、スタートカリキュラムの編成を行っていくことが大切である。

4　本校の実践例

(1) 交流活動

　本校の幼保小連携教育では、互恵性と学びの連続性を大切にしている。交流活動を通じて、小学校が単独では育成できない「力」を育成し、互いの子供の成長に繋がっていく。そして、幼児は交流活動を通じて小学校の施

設、小学生や教師を身近に感じ、児童は幼児との関わりを通じて自分の成長を実感する。

　そこで本校は、併設幼稚園との交流を中心にしながら、活動の目当てを明確にした年間指導計画を教育計画の中にも位置付けている。特に併設幼稚園との交流活動は、4歳児と4年生、5歳児と5年生の2年にわたる交流であり、園児が入学するときには6年生として迎えることになる。その実施案には児童、幼児それぞれのねらいが示され、小学校と幼稚園で同じものを共有している。

学年	時期	交流先	教科等	内　容
1	2月	A幼稚園 （5歳児）	生活科 （1h）	・鉛筆の持ち方等や返事の仕方を教えながら授業体験をさせる。
			給食時間	・小学校の様子を話題にしながら給食を一緒に食べる。
3	2月	B幼稚園 （5歳児）	総合 （2h）	・小グループで校内を案内する。 ・1日の過ごし方や主な学校行事について紹介する。
4	6月 〜7月	A幼稚園 （4歳児）	国語 （1h）	・図書の時間に読み聞かせの練習をする。 ・幼稚園に行き読み聞かせをする。
	12月 〜1月		休み時間	・図書の時間に読み聞かせの練習をする。 ・幼稚園に行き読み聞かせをする。 ・一緒に遊ぶ
5	5月	A幼稚園 （5歳児）	総合 （1h）	・顔合わせ会をする ・小グループを編成する。
	7月		総合 （2h）	・小学校を案内する。 ・体育館で一緒に遊ぶ
	8月		体育 （1h）	・小学校のプールで一緒に水遊びをする。 ・着替えなどのお世話をする。
	11月 〜2月		休み時間	・幼稚園で読み聞かせをする。 ・一緒に遊ぶ。
	1月	A幼稚園 C保育所 （5歳児）	総合 （2h）	・昔遊び交流会をする ・5年生が用意した昔遊びコーナーを小グループで回る。
	3月	A幼稚園 （5歳児）	総合 （1h）	・終わりの会をする。 ・お互いに感謝の手紙を書く。

　併設幼稚園との交流活動を通じ、児童は思いやりの気持ちを育み、園児とどのように接したらいいか悩みながらも、少しずつ接し方、話し方が身に付いていき、思いやりの気持ちも育まれていく。そして、自分の成長を実感するとともに、自分の生活への自信に繋げている。園児も、小学校の様子に慣れ、小学校への期待を高めることができる。

　また、園児が体育の様子を見ながら声援を送ったり、児童が園児の名前を呼んで手を振ったり、日常的なふれあいも自然発生的に生まれている。

(2) 学校行事への参加

　本校では、様々な学校行事に積極的に近隣幼稚園・保育所等を招いている。それは、小学校の様子や施設を直接幼児が見学することで、小学校を身近に感じたり、小学校へのあこがれを抱いたりして、小学校入学への不安を和らげることに繋がっていく。

　学校行事への参加の仕方は、見学するだけの見学型と一部直接幼児も参加する参加型に分けられる。見学型にしても参加型にしても、交流活動と違い連絡するだけで実施が可能で、互いの教育活動をそのまま推進するだけである。また、事前の打ち合わせ等の時間をとられることがなく教員の負担感も少ない。幼稚園・保育所等にしても事前の準備の必要がなく参加がしやすい。そこで、複数の幼稚園・保育所でも対応が可能となる。「一亀まつり」のような参加型でも、児童はあらかじめそのことを想定して準備をしているので、複数の幼稚園・保育所でも対応が可能である。

行　　事	交流先	幼稚園・保育所等の関わり
運動会	A 幼稚園 B 幼稚園 C 保育所 その他	・幼児は「かけっこ」に参加する ・A 幼稚園はリズムでも参加
一亀まつり		・幼児は各学級で計画したお楽しみコーナーを回り、直接体験をする。 （2～6年生が各学級で考えたお店を担当。1年生はお店を回る。）
学芸会		・児童鑑賞日に最前列を幼稚園・保育所等に用意
展覧会		・児童が幼児と小グループを作って会場内を案内し、作品の紹介・解説をする ・A 幼稚園は作品を出品
音楽会		・児童鑑賞日に最前列を幼稚園・保育所等に用意 ・A 幼稚園は歌・楽器遊びで参加
避難訓練	A 幼稚園	・毎月の避難訓練に参加 ・津波を想定した訓練は近隣保育所も合同で行う

　幼児が学校で見たり体験したりしたことを、幼稚園・保育所にもどって、自分たちの遊びに取り入れたりまねをしたりしている、という話をよく聞く。それは幼児が小学校への親しみやあこがれを抱いた一つの証である。また、幼稚園・保育所の教員だけでなく保護者が小学校の様子を知ることで、我が子の小学校入学への不安を少なくすることにもつながっている。

5 成果と課題

(1) 成果

・児童は幼児との交流体験を通じて、年少者に対する思いやりの心を育むとともに自分自身の成長を感じることができる。

・幼児にとっては、小学生や小学校の様子に慣れ、小学校にあこがれを抱き、小学生の姿

に自分自身のこれからの成長を重ねることができる。

・教育計画に位置付け、互いのねらいを明確にすることで、交流が単なるイベントにならず、互いの発達に合った学びの場にすることができる。

・それぞれの教育への理解が深まり、児童・幼児の情報交換がスムーズになったり、小学校の教員が幼稚園で教える活動が行われたりするようになった。

(2) 課題

・日常的な交流活動のためには、忙しい中で教員がどのように打合せ時間を確保していくか。特に、保育所との時間調整には難しさがある。

・事前、事後指導も含めた活動を検証し、指導計画の改善を図ること。

・教員が相互の教育活動をさらに理解していくために、互いの指導を参観する機会や合同研修を設定していくこと。

・交流活動の実績や互いの教育の理解の上に立ち、本校独自のスタートカリキュラムを作成していくこと。

6 実施上の留意点

・小学校、幼稚園・保育所等ではそれぞれの教育課程・保育課程を編成しているので、事前の日程調整は必要不可欠である。そのため、多くの施設と一度に交流しようとすれば、日程調整が難しくなる。

・無理な交流は継続しにくい。まずは、学校行事への参加からはじめ、段階的に交流活動の質や量を変えながら実施し

ていく。また、担当者が変わっても確実に継続できるよう、実施計画を作成し、教育計画に位置付ける。

・交流活動を充実させていくためには、互いの教育活動への理解を深め、互恵性や学びの連続性を意識していくこと、地域や施設等の実態に応じた交流活動の在り方を検討していくことも必要である。

小中一貫教育

3 子供たちが変わり、教員が変わり、保護者・地域が変わる

東京・品川区立豊葉の杜学園　校長　小泉和博

1 「小中一貫教育」を取り入れた背景・理由

現行の6・3制では義務教育9年間と言いながらも、小・中学校間に存在する学力観や指導観、児童生徒観などの違いが子供たちの学習上の負担になるとともに、人間形成上の連続性を阻害している現状がある。

一方、教員はというと、小学校の教員の多くは、中学校の「知識重視の画一的な学習」「懲罰的・威圧的な生活指導」に対して不信感をもち、逆に中学校の教員の多くは、小学校の「賞賛ばかりで基礎的・基本的な学力の定着をおろそかにする指導」「個性重視で基本的な学習や生活習慣の定着が徹底しない指導」に対して不信感をもっている。

この教員間の不信感は、ややもするとお互いの責任転嫁へと繋がり、子供たちに対して本来果たすべき義務教育の責任が果たされていない結果を招いている。もちろん、以前から小・中学校の連携の必要性を認識し情報交換や年度末の聞き取りなどを行ってきたが、形式的な情報が先行し具体的な改善がなされないままになっている。

こうした小・中学校の文化の違いを埋めるために、品川区では、平成10年度から教育改革「プラン21」の施策を打ち出し、平成12年度には小中連携教育推進校をつくったり、その後、区の学力定着度調査などを実施したりしてきたが、小・中学校間に存在する根本的な課題を解決するまでには至らなかった。

そこで、平成18年度より小・中学校が従来からもつ課題や欠点を克服し、お互いのよさを生かすための一つの仕組みとして、国の学習指導要領をベースに独自の「品川区小中一貫教育要領」を策定し、義務教育9年間を通して系統的、継続的な教育活動を実現する小中一貫教育を実施することになったのである。

2 本実践の経過と成果

義務教育の9年間は、児童生徒が社会の一員として生きていくために必要な基礎・基本を身に付ける期間である。

本学園は平成25年の4月に、施設一体型の小中一貫校として開校した。そして、平成28

年の4月からは新しい校種の義務教育学校となり現在に至っている。義務教育学校に変わっても開校時の「保育園・幼稚園との連携を強固なものにして義務教育9年間の一貫教育を推進し、将来の日本を支える人材としての基礎・基本を保育園・幼稚園を含めた15年間の一貫した教育で育てる」という使命を受け継ぎ、義務教育学校としての教育活動の工夫と特色づくりを行っている。

『スムーズな受入と出口を保証する9年間の一貫教育』

| 連携 | 保育園・幼稚園 ⬌ | 1年 | 2年 | 3年 | 4年 | 5年 | 6年 | 7年 | 8年 | 9年 ⬌ | 高等学校 | 連携 |

学力向上：基礎基本の定着／基礎基本の定着／自学自習

人づくり（市民科）：自己管理／人間関係形成／自己管理・人間関係形成／自治的活動・文化創造・将来設計

①実務的・実践的な組織づくり

　本学園は小学校と中学校が一つになっている学校である。児童生徒数や学級数が多く、年齢差による発達段階の違いもかなりあるので、教員は小学校・中学校といった単体の学校よりも幅広い対応が求められる。こうした状況の中で、円滑な教育活動ができるよう校務分掌組織などを工夫している。

　まず、分掌を教務、学習、開発、進路、生活、特活、環境、総務の8つの部に分け、その下に学力向上委員会やいじめ対策委員会、アレルギー対応委員会、運動会委員会などの特設委員会を配置し、効率よく仕事ができるようにしている。また、8つの部と特設委員会の構成メンバーは学園の現状や教員の育成などを考え、1-4年生・5-7（中学1）年生・8（中学2）-9（中学3）年生担当の教員を意図的に配置している。そして、部長や委員長には主幹教諭、主任教諭を充て、ミドルリーダーとしても育成している。

　会議は管理職からなる経営会議、8部長からなる部長会、部長と学年主任からなる拡大運営委員会、全教職員による職員連絡会に分け、その中で拡大運営委員会を校長の議決（決定）機関として、職員連絡会を周知徹底の場として位置付けている。

　分掌や委員会、学年は4名から8名で構成され、教員に組織の一員であるという自覚と責任をもたせ、チームとして組織的な対応ができるようにしている。また、各学年の教員には全ての学級の担任であるという姿勢で児童生徒の指導にあたるようハウス方式を取り入れ、学級による指導の差や学級崩壊が出ないようにしている。

②一貫性や系統性のある学習活動の展開

　教員は誰しも1年生の入学（進級）時よりも学力を付けて卒業（進級）させたいと考えている。本学園のように1年生から9年生までが一緒に生活する環境では、一貫性や系統

性のある学習活動が求められる。そこで、本学園では全教員で区の学力定着度調査を含め、都や国の学力調査の結果を分析し対策を講じている。また、学力を付けるための学習システムを整えるとともに、様々な学習活動に取り組んでいる。

　まず、1 - 4 年生については一部教科担任制とし、担任が他の学級にも関わるようにしている。5 - 6 年生については 7 年生以上と同じように50分授業や教科担任制を取り入れるとともに、各学期末に定期考査も実施している。併せて、6 - 7 年生の接続をスムーズにするために小中教員の相互乗り入れも実施している。

　ところで、学習の基本は授業である。教員は 1 時間の授業の中で何を教えるか、どのような力を付けるのかを明確にして授業を行っている。そのために「指導法」や「教材」を工夫するとともに、授業の中でＩＣＴを活用したり、算数・数学や英語では習熟度別や少人数など「指導形態」を工夫したりしている。

　また、1 年生から 9 年生までが一斉に学習する豊葉の杜タイム（ステップアップ学習）を設けている。この学習は基礎・基本の定着を図るために朝の帯タイムを使って、1 年生から 4 年生は国語（漢字）と算数（計算）を、5 年生から 9 年生は国語（漢字）と数学（計算）、英語に取り組んでいる。一定期間取り組んだ後に年 2 回ほど、国語は校内漢字検定を、算数・数学は計算コンテストを実施している。

豊葉の杜タイム（3 年生）

　ここ数年で補習体制も充実してきている。夏休みは 7 月末まで、希望制や指名制による夏季補習を全学年で取り組んでいる。この間、教室を開放し自主的に勉強したい 5 年生以上の子供たちのために自習教室も開いている。また、放課後補習も実施している。1 年生から 8 年生は算数・数学を中心に定期的に取り組んでいる。5 年生以上は定期考査前補習という名称で、諸活動が停止になる 1 週間を使って、各学年や教科で計画的に進めている。他にも 8 年生では夏休みの後半に 5 日間 5 教科、全員参加で勉強会を行っている。9 年生では受験に向けて豊葉合格塾という名称で基礎コースと発展コースに分けて国語・数学を中心に放課後に取り組んでいる。5 年生以上には自学自習ができるよう「学習ブック」を配付し、家庭学習の定着を図っている。

豊葉合格塾（9 年生）

③小中一貫教育で人づくり

　小中一貫教育は学習指導だけでなく、生活指導についても一貫性や系統性が必要である。子供の学校生活が安定することが小中一貫教育の真のねらいと言ってもおかしくない。今、「中一ギャップ」と言われるように、学習面や精神面、人間関係の不安により、不登校や問題行動、学習の遅れなどを引き起こしている。この6年生から7年生の接続がスムーズにいくか否かで7年生以降の生活指導にも大きな影響を与える。

　そこで、本学園では子供の姿こそが小中一貫教育の成果であると考え、全教員で人づくりに重点をおいた取組を展開している。まず、児童生徒の心得として「生活の5項目」（あいさつ、身だしなみ、言葉遣い、時間を守る、ものを大切にする）と「学習の5項目」（始終のあいさつ、返事、発言の際の言葉遣い、人の話を聴く、学習の準備）を作成し、全教員で一貫した指導に当たるとともに、定着度の経年調査も実施している。

　また、品川独自の市民科学習（道徳、総合的な学習の時間、特別活動を合わせた教科）にも力を入れ、自己管理能力や集団適応能力、自他理解能力、コミュニケーション能力などを身に付ける指導を行っている。特に、平成27年度から平成29年度にかけて、全教員で市民科の研究を行い、その結果、子供たちは年々良くなってきている。また、本校独自の市民科のカリキュラムも3年間をかけて作成している。

　施設一体型の利点を生かした異学年交流を意図的・計画的に進めている。例えば、4月中、6年生は1年生と一緒に登校するエスコート登校や、朝の教室で持ち物の整理などのお世話をするサポートⅠを行っている。4年生は給食や清掃のお手伝いをしている。9年生も朝の時間を使って1年生の教室で読み聞かせをしている。他にも、1年生と9年生など異学年との給食交流、1－4年生の縦割り班活動、運動会の交流種目、学習成果発表会の交流鑑賞、児童生徒会や委員会活動、集会（全児童生徒対象の全校朝礼、1－4年生と5－9年生の児童生徒朝会、1－4年生・5－7年生・8－9年生のブロック朝会）、そして、特別支援学級と通常学級の交流などを形態やねらいを明確にして行っている。

　この中でも児童生徒会と委員会活動について

9年生による読み聞かせ（1年生）

交流給食（1年生と9年生）

は、児童生徒会の本部役員を中心によりよい学園にするための取組を考え全校で実践している。「いじめ根絶宣言」や「SNS ほうほうルール」「朝のあいさつ運動」「ありがとうキャンペーン」など、年々活動内容が充実してきている。

④教育活動の発信と地域の支援

「地域に開かれた学園」「地域と共に歩む学園」にするために、教育活動の発信を積極的に行っている。毎月の土曜授業日を学校公開日に設定し、保護者や地域の方に教育活動を参観してもらっている。春と秋の運動会や秋の学習成果発表会などの学校行事も同様の扱いにしている。また、ホームページや掲示板、豊葉の杜ギャラリーも定期的に更新するとともに、学校だよりは学園の様子が分かるよう内容を工夫し、地域にも配布している。地域に仕掛ける教育活動として防災学習やボランティア活動なども実施している。

一方、地域の支援も積極的に受け入れている。平成28年の4月から品川版のコミュニティ・スクールが始まり、現在、本学園にも校区教育協働委員会と学校地域支援本部が設置されている。特に2名の地域コーディネーターが学習支援や地域事業、オリンピック・パラリンピック教育などで必要な人材の手配、教材の準備、学生ボランティアの手配などを担当し、学園を地域から支えていく体制をつくっている。

⑤小中一貫教育の成果

ア、児童生徒が変わる

学校全体が落ち着いている。児童生徒の姿は確実に良くなっている。問題行動やいじめの件数、不登校児童生徒の人数、生活指導のバロメータと言ってもおかしくない保健室の利用件数も年々減ってきている。

児童生徒を見ていると、上級生は下級生を可愛がり、手本となり、下級生は上級生を慕い、見習い、目標にしている。また、品川区独自の市民科学習の成果も出てきており、仲間を大切にする気持ちやよりよい学園にしたいという意欲が芽生えてきている。下記の通り3年生以上を対象にした区のアンケート調査では「学校が楽しい」「市民科は大切」と思う児童生徒数も増えてきている。「そう思う」の回答は区全体と比べ、5～10パーセントも上回っている。

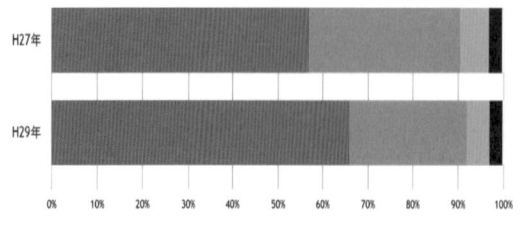

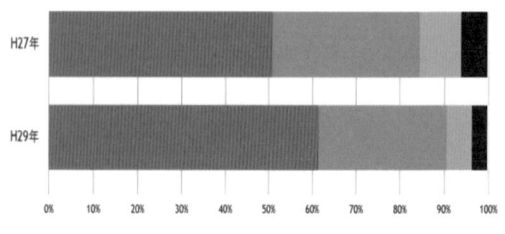

イ、教員が変わる

　教員の意識が大きく変わった。開校当初、小中の教員は何か一つのことをやるごとに意見が合わず対立をしたり、並行線だったりすることが多かったが、最近は小中の溝がなくなり、職場全体が穏やかになり、様々な活動や指導もスムーズにいくようになった。例えば、上の学年の生活指導で、その子供が4年生の時の担任に指導してもらうことで解決できたケースがある。また、校務分掌や特設委員会などもチームとして、何の違和感もなく一緒に仕事ができるようになっている。

ウ、保護者や地域が変わる

　ここ数年で保護者や地域の小中一貫教育に対する見方が変わってきている。これは子供たちの姿が変わったこと、よくなったことで、保護者や地域が学園の教育活動を安心して見ることができるようになったからである。その結果、保護者や地域が学園に協力や支援をしていこうという動きが出てきている。ＰＴＡ活動や地域行事の活性化にもつながっている。

3 「小中一貫教育」を導入する際の留意点

　私は今までに品川区内3校の小中一貫校（義務教育学校）に勤務してきた。その経験を基に小中一貫教育を導入するにあたっての留意点を8つにまとめてみた。

---

①今までの小学校、中学校という発想を止めること

　・小学校でもない、中学校でもない、新しい義務教育の学校をつくる。

②目の前の子供を第一に考えること

　・「はじめに子供ありき」の考えをもつ、子供を義務教育で伸ばす。

③教職員一人一人のやる気が大切であること

　・「教育は人なり」　子供や保護者、地域の期待に熱意をもって応える。

④同じ学校の教職員だと思うこと

　・子供の成長過程を見ているという意識をもつ。

⑤小中の考え方や意見が違うことを当然だと思うこと

　・今までの小学校と中学校の長い歴史を振り返れば当然である。

⑥うまくいかないのが当然、まずは実践、実行すること

　・話し合いは大切で、やって見てわかることがたくさんある。

⑦3～5年ぐらい、じっくり時間をかけること

　・手間隙かけた料理ほど味わい深いものになる

⑧子供は環境にすぐ順応するが、大人は時間がかかること

　・だれのための小中一貫教育（義務教育）か。大人としてどう対応すべきか。

「読書のまち」と読書活動

4 町立図書館を中心に地域・保護者・園・学校が連携して進める読書活動

岐阜・白川町立白川小学校　校長　奥村哲也

1 「読書のまち」白川町

(1) 「清流と豊かな緑のまち」

「清流と豊かな緑」が自慢の白川町は、岐阜県の中南部に位置し、東西約24km、南北約21km の広大な面積を有している。その約87％は山林で、海抜150ｍから1,223ｍと高低差が大きいため、昼夜の温度差を生かした「白川茶」の生産で有名。町の西端を木曽川水系の飛騨川が流れ、飛騨川にそそぐ、佐見川（さみがわ）、白川（しらかわ）、黒川（くろかわ）、赤川（あかがわ）の流域に１万人余が居住している。３つの中学校、５つの小学校があり児童・生徒数は町全体で500人ほどである。

(2) 「読書のまち」

白川町は、平成21年に「子ども読書活動推進計画」を策定し、町立図書館を中心として、地域、保護者、園・学校が連携を図りながら読書活動を推進している。平成26年３月には、町民をあげて読書に親しむことを通して笑顔の絶えない住みよ

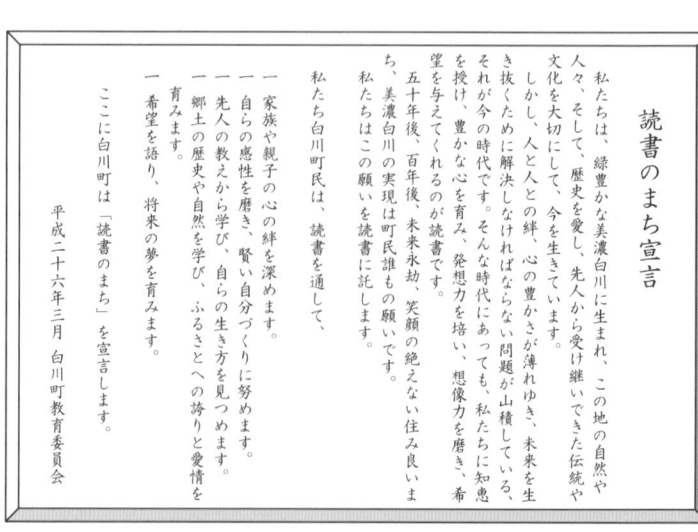

読書のまち宣言

私たちは、緑豊かな美濃白川に生まれ、この地の自然や人々、そして、歴史を愛し、先人から受け継いできた伝統や文化を大切にして、今を生きています。

しかし、人と人との絆、心の豊かさが薄れゆき、未来を生き抜くために解決しなければならない問題が山積している。それが今の時代です。そんな時代にあっても、私たちに知恵を授け、豊かな心を育み、発想力を培い、想像力を磨き、希望を与えてくれるのが読書です。

五十年後、百年後、未来永劫、笑顔の絶えない住み良いまち、美濃白川の実現は町民誰もの願いです。私たちはこの願いを読書に託します。

私たち白川町民は、読書を通して、

一　家族や親子の心の絆を深めます。

一　自らの感性を磨き、賢い自分づくりに努めます。

一　先人の教えから学び、自らの生き方を見つめます。

一　郷土の歴史や自然を学び、ふるさとへの誇りと愛情を育みます。

一　希望を語り、将来の夢を育みます。

ここに白川町は「読書のまち」を宣言します。

平成二十六年三月　白川町教育委員会

いまちづくりを推進しようと「読書のまち宣言」を議決し制定した。この宣言には、「読書のまち美濃白川」をより多くの町民が意識し、さらなる読書活動の推進につなげたいという思いが込められている。

2 読書活動推進の核となる町立図書館「楽集館」

(1) 読書活動推進の核となる「楽集館」

　「読書のまち」の核となっているのが町立図書館「楽集館（がくしゅうかん）」である。「楽集館」は、図書館としての機能だけではなく、町全体の読書活動を推進する役割を担っており、保育園、小・中学校の読書指導支援や、地域の読書サークルの活動支援など、多様な活動を行っている。

(2)「美濃白川読書サミット」の開催

　「楽集館」が進める読書推進活動の一つに「美濃白川読書サミット」がある。この「読書サミット」は、「本が大好き！白川の子」のスローガンのもと、読書活動に関わる子供から大人までが一堂に会し、本・読書の魅力について語り合う場として、毎年、夏休み期間中に開催されている。

平成30年第8回読書サミット「フリートーク」の様子

　平成30年8月2日には「第8回美濃白川読書サミット」が開催され、町民150人余が参加した。内容は、①地域のサークルによる「読み聞かせ」、②小・中学校の図書委員による各学校の「読書活動の紹介」、③小・中・一般の部に分かれた「ビブリオバトル」、④子供から大人までの小グループでおすすめの本を紹介し合う「フリートーク」となっている。

　「読書サミット」終了後に一般の参加者から、「児童・生徒のみなさんや読み聞かせサークルなど地域の方々の活動の様子を知ることができ、本当に読書のまちなんだと実感しました」と感想が届くなど、まちをあげての読書活動推進意識を高めるものとなっている。

3 「読書のまち」の学校教育における読書活動の推進

(1)「楽集館」を情報ステーションとした読書活動の推進

　平成28年度より、「楽集館」と各小・中学校をTV会議システムで結んだ、「楽集館を情報ステーションとした読書活動の推進」に取り組んでいる。白川町には8つの小・中学校があり、最も遠い学校から「楽集館」までは45分以上かかるため、授業で「楽集館」まで行くには、時間的に容易ではない。そうした時間的ハンディを解消するために、TV会議システムを活用し、「楽集館」から学校に向けて読書活動推進に関わる発信を続けている。各小・中学校では、国語の年間指導計画の中に、「楽集館」と連携したカリキュラムを位置づけて計画的に授業に取り入れている。

①小学校3年生における図書館利用指導の実践例

　小学校3年生の国語では、「読みたい本の見つけ方」として、図書館の利用の仕方を学習する。白川町では、「楽集館」が、図書館の利用の仕方を含め、図書館司書の専門的なアドバイスを発信する授業を行っている。図書館司書が、移動しながら館内を紹介したり、本の探し方を説明したりする様子をTV会議システムで配信し、町内5つの小学校では、3年生の児童が教室にいながらそれを視聴する。質問についてもモニターを通して、その場で答えが返ってくる。こうした授業を通して子供たちは、図書館の利用の仕方を知ると同時に「町の図書館に行ってみたいな」という思いを高めている。

②中学生に向けた図書紹介の実践例

　町内3つの中学校では、夏休み前の読書指導において「楽集館」からの情報を活用している。「楽集館」は、夏休みの課題である読書感想文に向けての本を紹介し、中学生はそれを参考に夏休みの読書計画を立てる。課題図書の紹介や、テーマに沿った本選びのコツ、感想文の書き方など「楽集館」だからこそ発信できる内容となっている。さらに、生徒たちの興味を引くように課題図書の関連クイズや、読み比べの方法など内容が工夫されており、楽しい授業となっている。

「楽集館」の司書から本の紹介を聞く中学生

　こうした、「楽集館」からの発信による授業は、「楽集館」と学校の担当者との綿密な打ち合わせの元に行われている。現在も、各学年の、どの単元の、どの授業において連携した授業を行うことができるかについて検討が重ねられている。

(2) 学校間の連携による読書活動の推進

　白川町では、児童数が減少しており、一部の小学校では、複式学級となっている。こうした状況を踏まえ、「多くの人数の中ででもたくましく生きる力」を身に付けるために、「集合学習」を行っている。「集合学習」とは、いくつかの学校の児童が集まって一緒に活動したり、TV会議システムを使って一緒に学習したりする活動である。

　各学年、教科ごとにカリキュラムを工夫しており、読書活動に関わっては、次のような学習を取り入れている。

①ビブリオバトル（書評合戦）の実施

　町内の小学校では、読書活動の取り組みの一つとして「ビブリオバトル」を行っている。まず、すべての学級で、全員が参加してビブリオバトルを実施し「チャンプ本」を選ぶ。次に、町内の小学校が連携して、「合同ビブリオバトル」を実施。他の学校の児童と一緒に活動するため、ビブリオバトルの代表者は「学校の代表だからがんばろう」という

思いを高め、フロアーの児童は他の学校のよりよいものに触れてこれまでと違った感動を得るなど、児童にとって、意欲を高めたり見聞を広めたりすることのできる貴重な体験の場となっている。

②朗読発表会の実施

　6年生の国語では、他校との朗読発表会を単元の出口に位置づけている。『やまなし』の学習では、『やまなし』を読み解く授業を進めるとともに、宮沢賢治の他の作品の並行読書を行う。単元の出口では、並行読書をした本の中から、『やまなし』の授業で読み解いたことに関連づけながら自分の好きな場面を選んで朗読をする。朗読を聞いてもらうのは、他校の6年生である。同じ教材を学習してきた仲間に、どの場面を、どのような思いで、ど

小学校低学年のビブリオバトルの様子

ＴＶ会議システムを使った朗読発表会

のように読むか－児童は、相手を意識しながら一生懸命に考え、工夫し、練習をする。こうした言語活動を位置づけたことで、児童の取り組み意欲を高めることができた。また、他校のいろいろな朗読の発表が聞けたことは、児童にとってよい刺激となった。

　このような、学校同士が連携した学習活動を行うには、活動内容の確認や日程のすりあわせなどをしなければならない。また、カリキュラムの整備など体制を整えることも重要となる。細やかな事前準備が必要な取り組みではあるが、「白川町一体となって、子どもたちの読書活動を推進していこう」という思いが、こうした活動を支えている。

(3) 家庭・地域と連携した読書活動の推進

　家庭・地域と連携した読書活動の推進にあり方について、白川小学校の取り組みを中心に紹介する。

①地域と連携した読み聞かせ活動

　白川小学校では、毎月1〜2回、朝活動の時間に、「お話玉手箱」による「読み聞かせ」が行われている。「お話玉手箱」は、保護者や地域ボランティアから構成される読み聞かせのサークルである。白川町には、「こんぺいとう」「にこにこ PEACE」など10ほどの読み聞かせサークルがあり、会員数は200人を超えている。白川小学校区を中心に活動する「お話玉手箱」は、「本を読み聞かせることにより、子どもの心を豊かにし、心の通い合う子を育てたい。また、読み聞かせをすることにより、子どもの思いや心をつかめる親にな

りたい。」という思いをもとに発足し、活動を続けて20年以上になる。

　朝の読み聞かせでは、会員が各学級に入り、「楽集館」や自宅から持ってきた本、1〜2冊を紹介したり、読み聞かせたりする。10分程度の時間であるが、児童は、食い入るように本を見つめ、聞き入っている。時には笑ったり、時には考えこんだり…児童にとって楽しみな時間となっている。

「お話玉手箱」による読み聞かせ

　読み聞かせが終わった後、「お話玉手箱」の会員は、会議室に集まって反省会を行う。その日に紹介した本の内容や、児童の反応、読み聞かせ方の様子などについて交流し、次の読み聞かせに反省を生かすことができるようにしている。学校からは校長や教頭が参加し、児童の様子や学校行事、授業の様子を説明するなど、学校の教育カリキュラムにあった読み聞かせになるように働きかけている。

②家庭と連携した読書活動

　読書活動を推進していく上で、保護者の協力は不可欠である。そこで、白川小学校では、参観日に「親子本借り」の時間を位置づけている。6月の日曜参観日に親子で登校し、登校後、親子で図書館に行って本を借り、教室に戻って一緒に読んだり、読み聞かせをしたりするという時間である。親子で本に親しみ、読書活動への意識を高めることを

日曜参観日に親子で本借り

ねらいとした活動である。普段、子供の読書活動にあまり縁のなかった父親が、「一緒になって読書を楽しめた」と嬉しそうに語る姿もあった。

　さらに、この機に、家庭での読書活動を位置づけている。図書委員会が中心となって行う「図書館祭り」の一環として、家族と一緒に本に親しむ時間をもつ「家読（うちどく）」の取組を行っている。「家読」は、家族と一緒に本を読む、本のことについて話しをする、読み聞かせをしてもらう…など読書に関わる活動を家庭で行って、カードに記録していくものである。

　このように、家庭と学校が連携した読書活動が推進できるように工夫している。

③地域の協力による図書館の環境整備

　白川町は、「白川茶のまち」として有名であるが、「東濃檜（とうのうひのき）のまち」

としても有名である。町の8割以上を占める山林から良質な檜が生産されている。そうした土地柄から、木工業・木材加工に携わる人が少なくない。白川小学校では、そうした地域の協力を得て、図書館の環境整備がなされている。増えた蔵書を並べる本棚や、読書するためにちょっと腰掛けるベンチなど、図書館に必要なものを地域の協力を得て整えている。スペースに合わせたオーダーメイドの本箱や椅子などのため、手間を考えればかなりの金額になるものもあろう。しかし、地域の人は、学校の図書館のためだからと、原材料費程度で、時には、全くのボランティアで請け負い、図書館にあったすばらしい環境を創り上げている。

　授業参観に訪れたある児童の祖父が、「これは、わしが作った本棚。こっちもそう。今でも健在だな。」と図書館で嬉しそうに話していた姿が印象に残っている。児童は、ぬくもりあのある木の椅子に腰掛けて楽しそうに本を読んでいる。「読書のまち白川」ならではの光景である。

4 「読書のまち」のPTA活動における読書活動の推進

(1) PTA連合会の取組

　白川町内各小・中学校のPTAによって「白川町PTA連合会」が構成されており、活動方針の最重点項目に「家庭における読書活動を推進しよう」を掲げている。「読書のまち」宣言を受け、すべての小・中学校のPTA活動で重点的に読書活動の推進に取り組むことにしている。また、連合会では、読書活動推進の一環として「読み聞かせ講演会」を行っている。毎年秋に講演会を行い、講演会を通して「家庭での読書活動を大切にしよう」という意識を高めている。

(2) 「白川町読書推進ポスター」の作成

　「白川町PTA連合会」の取組として「読書推進啓発ポスターの作成」がある。「読書のまち宣言」を受け、各家庭での読書が一層充実することを願って始めた活動であり、町内の児童・生徒及びその保護者を対象にポスターを募集し、優秀作品をポスターとして町内各所に掲示する取組である。

　各小・中学校では、図画工作の時間に図案を考えるカリキュラムを組み込んだり、夏休みの課題として参加を呼びかけたりするなど連携しながら取り組んでいる。

平成30年度　読書推進啓発ポスター

健康教育

5 楯中パワーアッププロジェクト
～心と体が元気になる生活習慣の自律を目指した健康教育～

山形・村山市立楯岡中学校　養護教諭　土屋隆子

1 健康教育を取り入れた背景

　現代社会は生活の夜型化が進んでいる。本校でも平成28年度実施の実態調査からも就寝時刻や学習習慣が安定していない等の課題が明確となり、生活習慣の乱れが原因で体調不良を訴え保健室を利用する生徒も増加傾向にあった。

　そこで、本校では生徒自身が自分の生活行動の課題に気づき、日常生活の質を向上させるために主体的に行動することで自己実現できる力をつけることを目指した健康教育をパワーアッププロジェクトと命名し、教育活動を展開させることを計画した。平成28年度からの2年間は文部科学省「中高生のための生活習慣改善マネジメント・サポート事業」の委託を受けて実践を重ねた結果、平成29年度日本学校保健会「健康づくり推進学校　最優秀校」の表彰を受けた。さらに平成30年度は市の生涯学習課とも連携し、本事業を継続発展させている。

2 目的

(1) 生活を自己管理し、日々の生活を充実させることができる生徒の育成を目指す。

(2) 家庭・地域との連携を図ることで、市全体の健康に関する関心・意欲を高め、健康行動を促進させる。

3 平成29年度の実践の経過と成果

(1) 4週間の睡眠習慣改善プログラム　　対象：全校生434名

〈目的〉

　ア、2週間の睡眠リズムを記録し、自分の睡眠リズムの傾向を知る。

　イ、早寝のための工夫を考えて実行する。

　ウ、早寝の体験を活かし今後の生活をさらにパワーアップさせる。

〈パワーアップリーダーの育成・活躍〉

　パワーアップリーダーは活動の目的や手順を理解し、自分のクラスで手順を説明したり、話し合いをリードしたりして活動を推進する。ミーティングでは、生徒同志の対話から気付きを促進していけるように、リーダー会を実施し綿密な打ち合わせをしている。

①睡眠習慣チェック【前半】自己分析

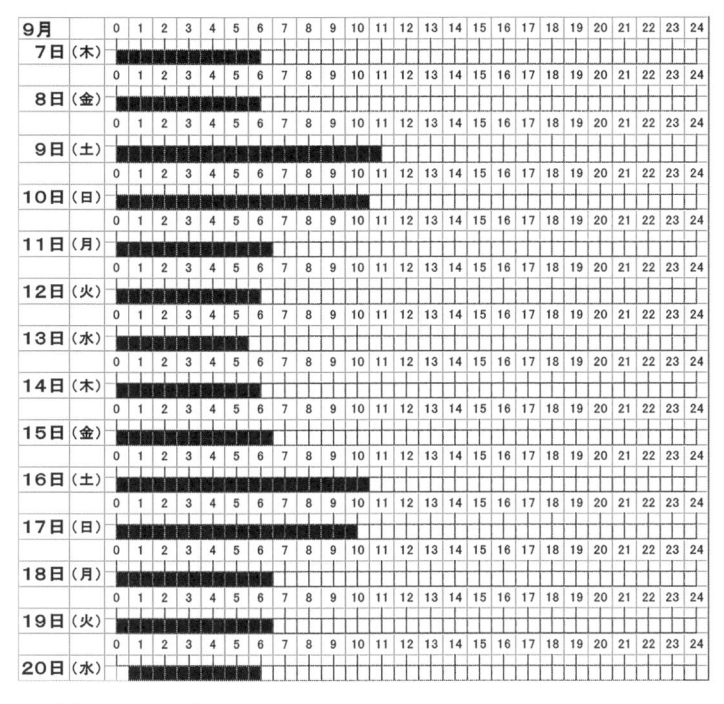

　９月７日〜20日の２週間、24時間の時間帯に普段の睡眠時間を塗りつぶし、自分の睡眠習慣を視覚化できるようにする。

　自己分析のための貴重な２週間、生徒は記録カードを「楯中ライフ」に貼りつけて取り組んだ。

②パワーアップミーティングⅠ

　記録した２週間の睡眠時間を以下の５つの型と比較して自分の睡眠習慣のタイプを診断し、課題を明確にした。

帰宅後睡眠型	休日寝だめ型	不規則型	ショートスリープ型	安定型

　パワーアップリーダーが中心となり早寝の良さを交流し、早く寝るために有効だった具体的な生活の工夫を出し合い、これだ！と思う早寝のための Good Plan をクラスの意見としてまとめ、全校に向けて提案してもらった。

1年1組	早めにお風呂に入り、早めにご飯を食べる。
1年2組	就寝・起床時刻を決めて過ごす。
1年3組	1日の生活を計画し、習慣づけて早く寝る。
1年4組	メディアなどの時間を決めて行動する。
2年1組	宿題に早めに取りかかる。
2年2組	メディアの時間を減らす。
2年3組	宿題は朝にする。
2年4組	早めに風呂に入って早めに寝る。
2年5組	ご飯を早めに食べ、準備時間を早くする。
3年1組	家に帰ったらまず宿題をやる。
3年2組	帰宅後の行動を早くする。
3年3組	10時〜10時30分！決めた時刻に寝る！
3年4組	やるべきことを優先する。
3年5組	後回しにしないで早い時刻にお風呂に入る。

③パワーアップ講演会

講師　福島医科大学　教授　横山浩之　氏

演題　〜中学生の君たちに送るエール〜

　　　「今、身につける生活習慣は一生の宝」

パワーアップ講演会　学習のめあて
(1) 睡眠の必要性を明確に知る。
(2) 良質な睡眠リズムを作るために有効なことを知る。
(3) 睡眠時間を確保する工夫を具体的に考える。

　保健委員長が学習の目的を全校生徒に提案し、講師を紹介して会を運営した。

  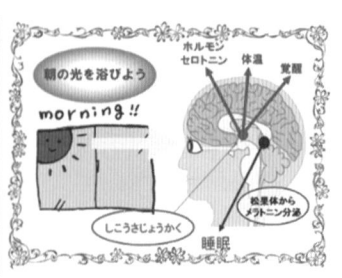

〈生徒の感想〉

睡眠をしっかりとらないと、イライラすることや体調が良くないことを聞きました。自分も遅く寝た日は朝スッキリしないので納得です。メディア時間を減らして、その分で勉強し、早く寝る工夫をして、朝はスッキリ起きたいです。	睡眠時間が長い人ほど成績が良いことに驚きました。受験期の僕たちは、脳の休息・回復に必要な時間眠ることが大事です。 　僕は普段は寝る直前までゲームをする日が多かったので、横山先生の話を思い出し、毎日の生活習慣を規則正しく身につけ、僕の宝にしていきたいです。	睡眠をとることの大切さを今まで何度か聞いてきましたが、なかなか直す気にはなれませんでした。 　しかし、睡眠には多くの役割や効果があることを知り、改善していく決意をしました。楯中ライフに記録し時間の使い方を工夫しながら寝る時刻を早めていきたいです。

④睡眠時間チェック【後半】新たな挑戦

　各クラスで仲間と共に睡眠による健康や学習への影響を確認し合ったことと、講演会の聴講で得た睡眠に対する確かな知識をもとに、2週間にわたり睡眠時間をチェックした。

⑤パワーアップミーティングⅡ

　このミーティングⅡでは、睡眠リズムのタイプを診断後、前半の2週間と比較し変化や成長を確認した。さらに活動をふりかえり、下記の学習カードに記録した上で、グループごとに成果を交流して早寝の良さを確認し合った。

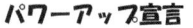

ふりかえりカード	
年　組　名前	
自分がチャレンジした早寝のためのGood Plan	早寝・早起きをして良くなったこと成長できたこと
パワーアップ宣言	

　生徒は、今回の睡眠習慣改善プログラムで早寝の良さを「実感を伴った体験」として語り合い、全校生が「パワーアップ宣言」をした。2年生はグループ交流の後、学習カードを廊下に掲示して、学年全体で学びを交流した。さらに日常生活に実践されているか評価する日を決め、ふりかえりながら習慣化を目指した。

「ふりかえりカード」記入例

	チャレンジした Good Plan	早寝早起きで成長できたこと	パワーアップ宣言
1年　Aさん	・帰宅後すぐ宿題をする。 ・メディア時間を決めてからメディアを使う。	朝ごはんがおいしいし、授業に集中できるようになった。	早寝早起きを続けて、身長と学力を伸ばす！
2年　Bさん	お風呂や勉強の時間を決めて早めに取り組む。	朝の目覚めが良くなった。	早寝・早起き・朝ごはんを続けて、「朝勉強」ができるようにする！
3年　Cさん	スマホ利用時間を決め、9時に親にあずける。	・睡眠時間を減らさずに学習時間が確保できた。	メディア時間のコントロールを継続し、第1志望校に合格する！

〈睡眠習慣改善プログラム実施前後の比較〉

　実施後は不安定型睡眠タイプが激減した。睡眠時間を記録したことで各自の課題が可視化され意識を持てたことや、講演会で睡眠に関する正しい知識を習得したこと、仲間との意見交流などが相まって主体的な行動変容につながったのだと推測する。

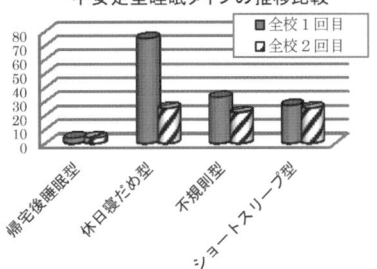

不安定型睡眠タイプの推移比較

■ 全校1回目
□ 全校2回目

帰宅後睡眠型　休日寝だめ型　不規則型　ショートスリープ型

(2) 生活記録ノート「楯中 Life」の有効活用（健康教育を日常の健康行動にするための実践）

　年間を通じて生活リズムを日常的に意識することを目指しオリジナル生活記録ノートを作成・配付した。生徒は毎日の連絡や帰宅後の学習計画などを記録している。さらに朝の

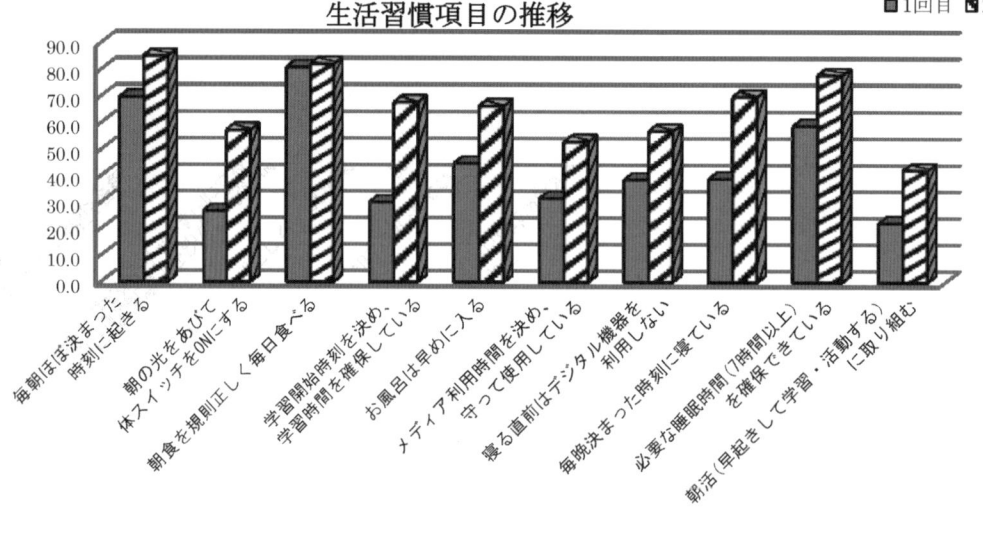

生活習慣項目の推移　　　　　　　　　　　■1回目　◨2回目

(グラフ項目)
- 毎朝ほぼ決まった時刻に起きる
- 朝の光をあびて体スイッチをONにする
- 朝食を規則正しく毎日食べる
- 学習開始時刻を決め、学習時間を確保している
- お風呂は早めに入る
- メディア利用時間を決め、守って使用している
- 寝る直前はデジタル機器を利用しない
- 毎晩決まった時刻に寝ている
- 必要な睡眠時間（7時間以上）を確保できている
- 朝活（早起きして学習・活動する）に取り組む

活動で前日をふりかえる時間を位置付けた。活動をふりかえって思考することは本校の研究の視点でもある。良かった点は成功の鍵を分析して継続し、うまくいかなかったことは改善策を考え、次のチャレンジへつなげる。ノートは担任が毎日点検してコメントを添え勇気づけている。

〈楯中 Life の特徴〉

・就寝・起床時刻、家庭学習時間、メディア利用合計時間を記録し、体調や気分を確かめられるようにしたことで、そのつながりに気づけるようにした。

・見通しを持てるよう年間計画を掲載し、自分の予定を追加できるようにした。

・年3回生活リズム強化週間（パワーアップウィーク）の記録ページを組み入れた。

(3) パワーアップウィークの実施（生活習慣改善のための強化週間）

　期末テスト前1週間を計画的に帰宅後の時間を過ごす強化週間に設定し、学区内3校の小学校と同時期に実施した。このことで家庭・地域との連携が促進された。

　　第1回　1学期期末テスト前の1週間（6月28日〜7月5日）
　　第2回　2学期期末テスト前の1週間（11月22日〜11月29日）
　　第3回　3学期期末テスト前の1週間（2月9日〜2月16日）

　本校ではこの期間中、保健委員会が睡眠の大切さや友だちの良い工夫などを広報し、学級内で日々のふりかえりを発表する等、成果を交流させながら展開した。

　平成29年度からは、オリジナル生活記録ノート「楯中 Life」を活用し、企画後の生活の

計画を立て→実行→ふりかえり→工夫・継続の PDCA サイクルを基本に取り組んだ。成果は保健委員が集計し、メッセージも添えてポスターを制作し、廊下に掲示した。

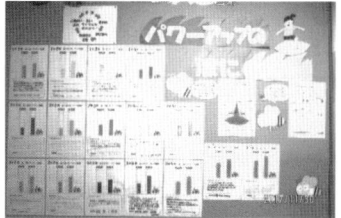

保健委員会が成果をまとめポスターにして掲示

4 パワーアッププロジェクトの継続と発展

生徒は自分たちの学びを地域に広げたいと、平成28年度は早寝早起き朝ごはんを題材とした劇を制作し、市内の幼稚園・児童センターなどで演じた。平成29年度はストーリーやキャラクターを全校に公募、紙芝居「ひみつのパワーアップレンジャー」を制作し、キャ

リアスタートウィークに幼稚園で上演する他、部活動ごとに自主的に幼稚園訪問の際に上演し好評を得るなどの発展もあった。この活動に参加した生徒の感想からは満足感や自信等のポジティブな感情を味わい、生活習慣に関する意識をさらに向上させていることがうかがえた（紙芝居は平成29年度山形県自作視聴覚教材コンクール学校教育部門で優秀賞受賞）。自己肯定感の向上に関する成果については、

平成29年度　自作紙芝居の上演
（バレー部がボランティア活動として実践）

生活習慣改善プログラム前後の調査結果からも同様の成果が読み取れる。

さらに、このプロジェクトは学習・集団生活面の向上を伝える活動とコラボして広がり発展した。平成30年度は日常の時間の使い方を見直す活動を充実させるため、楯中ライフの有効活用を模索しているところである。さらにメディアとの付き合い方については保健委員会の主体的な活動として活性化してきた。

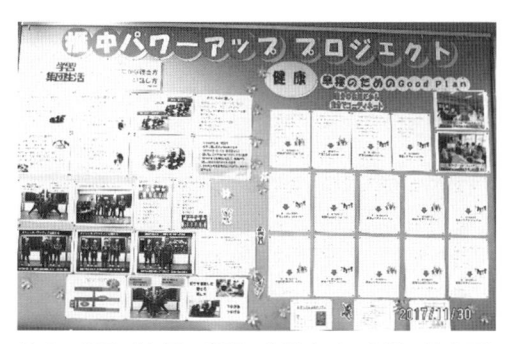

校内の掲示（左側：学習・集団生活　右側：健康面）

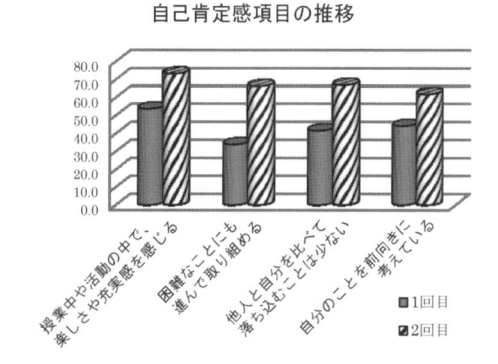

自己肯定感項目の推移

食育（スーパー食育スクール）

6 学校・家庭での和食推進の取組を通した社会性の向上と生活リズムの改善

東京・杉並区立三谷小学校　校長　加納直樹

1 スーパー食育スクールを取り入れた背景

　平成20年度より学校として生産者の顔が見える国内産を使用していくことを推進し、国産の食材のみで作る国産給食を実施している。また、「和食」の時は国産給食を実施することとし、安心安全な「和食給食」を提供してきた。しかし、本校においても、朝食に「ごはんとみそ汁とおかず」の組み合わせの和食を食べてくる児童は28.3％と非常に少ないのが現状である。（本校の26年度食事調査では、和食を「ごはん、汁物、和のおかず」または、「ごはん、ごはんに合う和のおかず２品以上」と定義した）。

　今までも栄養教諭の指導のもと、給食を教材として、１・２年では生活科の中で栽培活動を、５年の社会科や特別活動を中心に「食育プログラム」として、栽培活動や授業を行ってきた。しかし、「食育」が「活動」に終始してしまうことが多く見られるのが実態である。給食は食材を通しての学びであり、「いのち」の学習材として具体的な場面となる。このことは一部に組み込み、イベント化させていくことではなく、食育を学校経営の重点に置き、学習として生活科・総合的な学習の時間で単元化を図ったり、積極的に課題をもたせたりしている。また、各教科、学校行事、学級活動の中で「生きる力」の基礎となる取組とすることで重点化、具現化が図れると考えた。しかし、家庭生活の状況は児童の生活リズムが「大人型」の生活に組み込まれ、より健全な成長を図るための実践は薄いということを学校生活の中で感じざるを得ない。そこで、今回の「文部科学省スーパー食育ス

５年生・社会科：忍野村での稲刈り体験

２年生・生活科：さつまいも掘り

クール事業」に取り組むことで保護者・地域の意識化を図り、健全育成に関わることの重要性を啓発しつつ、児童の学びや生活力の改善が少しでも図れればと考えた。

2 研究テーマ

　テーマは「学校・家庭での和食推進の取組みを通した社会性の向上と生活リズムの改善」とし、研究の仮説として「和食離れが進む現在、学校で和食教育を推進し、和食給食の増加栽培活動や生産者との交流をすることによって、家庭での和食が増加し、児童の望ましい社会性の向上と生活リズムの改善につながるであろう」を設定した。

3 事業目標

①学校給食の和食割合を70％とする。

②家庭での和食朝食の割合50％、和食夕食60％以上とする。

③学校給食の国内産食材の使用率90％とする。

④和食を中心とした家庭を巻き込んだ食育を展開することで、児童の規則正しい生活リズム改善を目指し、感謝する心や国土を愛する等の社会性の正の効果を検証する。

4 評価方法

　拠点校における時系列的変化を活用した統計分析。拠点校とベンチマーク校の比較的対照試験等の手法における統計分析。

5 事業計画

(1) 和食教育の充実 　①学校教育全体における和食教育の推進 　②和食料理人による保護者講演会 　③親子料理教室の開催 　④三谷小雑煮ブック・早寝早起き朝ごはんガイドブックの作成	(2) 学校給食における国産食材を活用した和食給食回数の向上 　①和食給食の増加 　②和食料理人と連携した和食給食 　③学校給食における知産地消の導入と国産比率の向上
(3) 和食食材の栽培 　①全校あげての和食食材の栽培 　　（三谷小収穫祭、三谷小弁当の日） 　②保護者のプランター栽培 　③地域の農家・都立農芸高校との連携	(4) 食と農水産業に関わる方々との交流 　①忍野村での田植え稲刈り 　　夏野菜の収穫体験 　②水産業に関わる人との交流

(5) 地域への発信
　①学年園でとれたものを地域に販売
　②三谷祭にて忍野村とうもろこし
　　北海道天塩町の鮭のあら汁の提供
　③広報物（リーフレットさんやニュース、早寝早起き朝ごはんガイドブック、三谷小
　　雑煮 book、和食給食レシピ）

6 成果と課題

　学校教育全体における和食教育の推進では、低学年では生活科、中学年以上では総合的な学習の時間を中心に単元計画を立て、食育を実施した。また、給食の時間を利用したり、夏休み・冬休みに食育の課題を出したりして意欲を高めた。

　スーパー食育スクールでは、科学的な分析が求められていることから、分析を女子栄養大学に依頼した。以下に、その分析結果を掲載する。

＊　　　＊　　　＊

〈事業目標〉

①学校給食の和食割合を70％

和食給食が多くなると残菜が多くなると指摘されるが、本校の場合は昨年より低くなっている。

②家庭での和食朝食の割合50％、和食夕食60％とする。

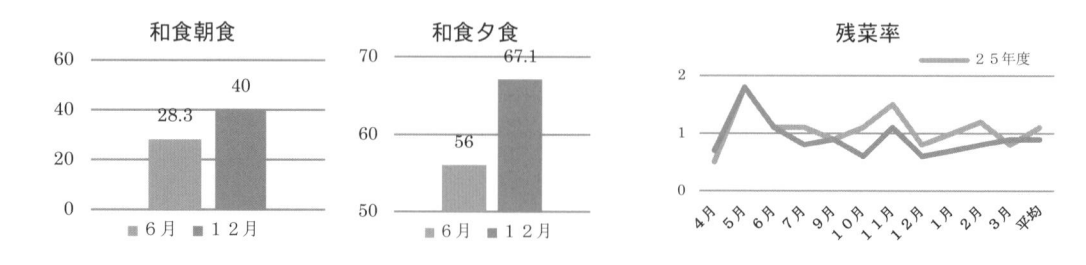

朝食では40％。夕食では67.1％で夕食では目標値を超えた。

③学校給食の国内産食材の使用率90％

④生活リズムの改善と社会性の向上について
Friedman 検定を行った。

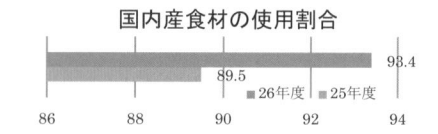

　その結果、生活リズム指標では各学年20項目あり、3年から6年までの4学年分合計指標は80項目であり、そのうち有意性が確認された指標は23％、社会性の向上の指標は15項目あり同様に合計指標は60項目で28.3％同様に有意差が確認できた。和食との関連から見

ると、産地を見て買う、旬の食材、行事にちなんだ食事を食べるようになった項目に有意が見られ、和食文化が児童に社会性の向上に寄与する可能性を示している。

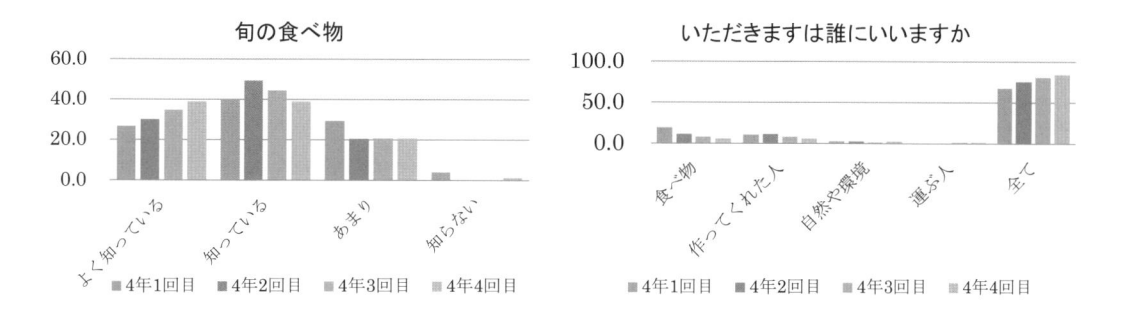

家庭での食事調査について保護者に2回の調査を実施しt検定を実施した。23項目中18項目について有意差が確認された。朝みそ汁を作る、朝食の時間、朝起きる時間、調理済み食品の利用、行事にちなんだ食事、日本産の購入など、全体によい方向への変化を読み取ることができる。すなわち、食事時間などから生活リズムの改善に寄与する家庭生活が営むことが可能になる。食の外部化率を下げるような結果が家庭内での調理が行われることが多くなることを示している。食物が自分の目の前に来るまでの過程を実際に見ることができ、その結果、食べ物に対する感謝の気持ち「いただきます・ごちそうさまの意味がわかる」ということが学習活動だけでなく日常の生活場面でも理解できたことが考えられる。また「行事にちなんだ食事」が向上していること、児童が回答している「行事食を食べる」の項目が同様な方向で変化していることが見られる。日常の教育活動で、児童の食に対する気持ちや和食への意識が家庭に伝搬し、啓発活動として家庭での具体的行動変容につながったと考えられる。

対象校との比較では、全体の35項目から7項目について有意に高い差が見られた。「ごはん、味噌汁の茶碗の正しい置き方」「行事食を食べますか」という和食を生かす、または生かした指標に有意な差が見られていることが大切である。

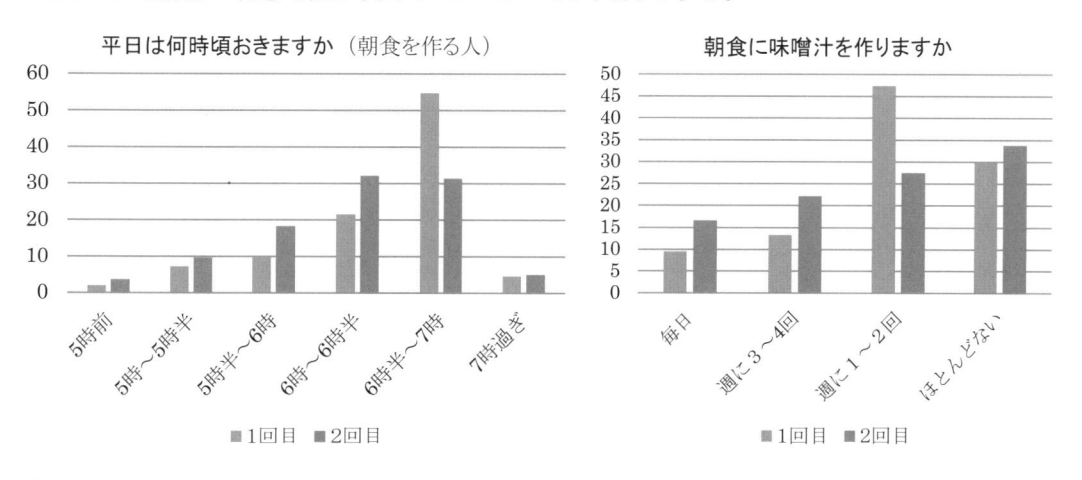

質問紙調査による結果は「学校家庭での和食推進を通した社会性の向上と生活リズムの向上」を確認することができた。評価指標として挙げた項目について和食推進の影響があるということが対照校との比較でも明らかになった。家庭にも学校教育の影響があり学校・家庭での連携がなされたことも確認できた。　　　　　（分析：女子栄養大学教授・香川明夫）

7 食育を取り入れる際の留意点

(1) 体験型の学習の効果

　食に直接触れる、自分で食べ物を作るなどの体験活動を取り入れた学習の方が効果が大きいという結果であった。

　3年のみそ作りとみその学習、みそ汁の課題学習など実際に作った学年が効果が大きい。同様に、4年が弁当作りを4回実施。社会性や生活リズムの改善に大きな変化が見られた。保護者も児童と一緒の体験をすることによって効果が上がった。弁当の日、収穫祭など学校を上げての取組も効果が上がることが検証された。

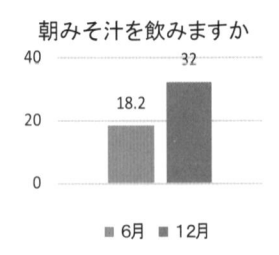

朝みそ汁を飲みますか

(2) 日常生活に生かす工夫

　学習で終わるのではなく、日常生活に生かす工夫が効果を上げる。ランチョンマットを使用した給食指導。おにぎり給食の実施。卵焼きの調理実習など、自宅でもできる実施しやすいものを実施した結果、マナーやおかず作り、社会性の向上が見られた。

(3) 学級担任の意欲・意識を高める

　今回の調査では、学級担任の意識調査も実施した。学級担任の意識が高いクラスほど、児童の意識も高いことがわかった。栄養教諭として学級担任への支援が非常に大切である。学級担任をその気にさせる、希望をもって食育に導くことが必要である。

(4) 指導のポイントを絞り、検証をする

　どの学習をしたら効果が上がるか検証をしながら学習を進める。食育の時間がない中、

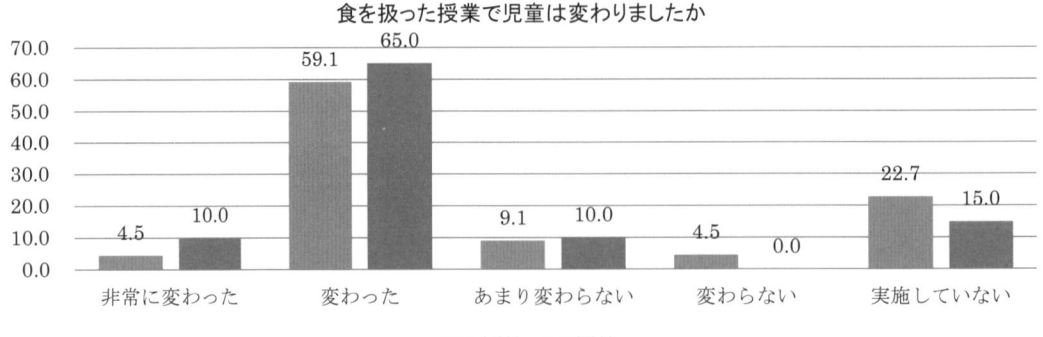

食を扱った授業で児童は変わりましたか

効率的な食育を進める必要が大切である。具体的には、食事のマナーを学習するには、給食時間の5分間でしっかり教える。それだけでも効果が見られた。早寝早起きの生活リズムでは、まず学校としての早寝早起きの具体的な目標を掲げ、教師が早寝早起きの時間設定を毎回児童に伝えるだけでも効果が見られた。このように、何を指導したら効果が見られるのか見通しを立てて指導し、その効果を検証して進めることが大切である。

(5) 研究が終わってからが大切

　スーパー食育スクールの指定が終わった、平成27年度5月に実施された杉並区特定課題調査の児童の意識・実態調査で、食育を学習した4年～6年生全ての学年で基本的な生活習慣・節度ある学校生活、さらに社会性の全ての項目が区の平均を上回っていた。このことで、児童の生活リズムや社会性が着実に向上していることが明らかになった。また、同調査から、総合的な学習の時間で学習したことが普段の生活や社会で役立つと答えた児童が非常に多く、食育が身近で児童の興味関心を得やすく生活に生かせるものであることが実感できた。

　子供が変わることで、大人も変わってくる、先生が変わってくる。先生が変わると学校が変わってくる。これからも調査を続け、データーを積み重ね、食育の推進に努めていきたい。

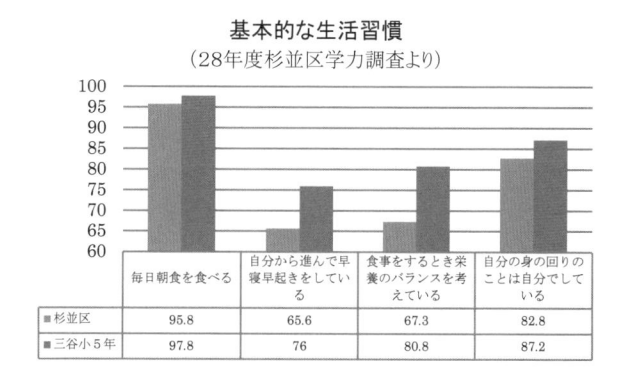

基本的な生活習慣
（28年度杉並区学力調査より）

	毎日朝食を食べる	自分から進んで早寝早起きをしている	食事をするとき栄養のバランスを考えている	自分の身の回りのことは自分でしている
杉並区	95.8	65.6	67.3	82.8
三谷小5年	97.8	76	80.8	87.2

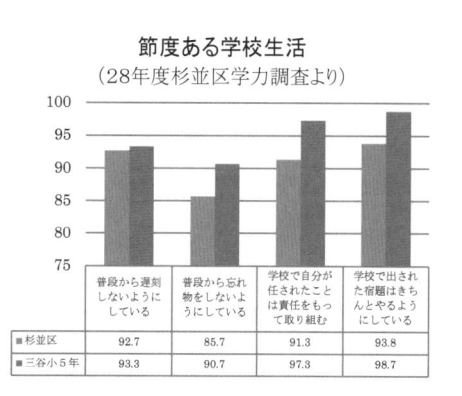

節度ある学校生活
（28年度杉並区学力調査より）

	普段から遅刻しないようにしている	普段から忘れ物をしないようにしている	学校で自分が任されたことは責任をもって取り組む	学校で出された宿題はきちんとやるようにしている
杉並区	92.7	85.7	91.3	93.8
三谷小5年	93.3	90.7	97.3	98.7

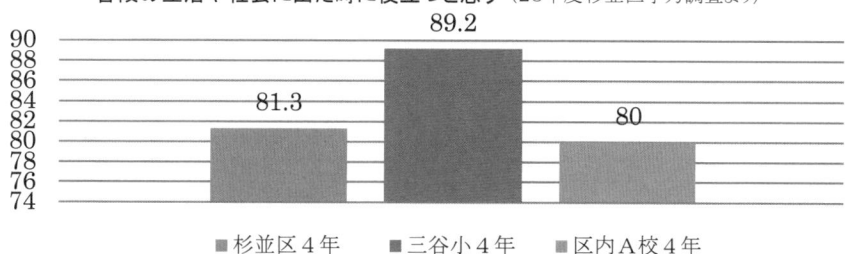

総合的な学習の時間で学習したことは
普段の生活や社会に出た時に役立つと思う（28年度杉並区学力調査より）

■杉並区4年　■三谷小4年　■区内A校4年

睡眠教育

7 地域全体で取り組む 「みんいく(睡眠教育)」

大阪・堺市立三原台中学校　みんいく地域づくり推進委員会

1 「みんいく」を取り入れた背景

　本校は、堺市の南区、泉北ニュータウンに位置し、緑豊かな環境の中にある。駅付近に府営団地が密集する一方で、近年は新しいマンションが建設されてきている。さらに、旧来からの保護者や児童が生活する地域も存在し、様々な生活スタイルの子供たちが通学している。また、外国にルーツを持つ生徒は全体の５％を占める。生徒数は20学級（支援学級４）602名、教職員数40名の中規模校である。

　十数年ほど前に大きな「荒れ」を経験した本校は、その後徐々に落ち着きを取り戻すが、近年、「頭痛」「腹痛」「なんか、しんどい」といった、いわゆる「体調不良」という理由で欠席する子供たちが増加してきた。

　本校の全校生徒に対する不登校生徒（年間30日以上欠席）の割合は、平成26年度が全国平均2.76％なのに対し、本校は5.3％、さら

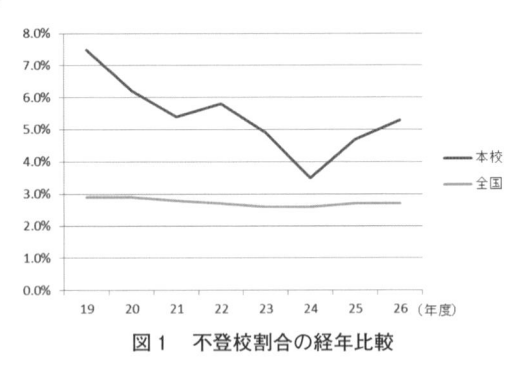

図1　不登校割合の経年比較

に25年度4.7％、24年度3.5％、23年度4.9％、22年度5.8％と毎年高い水準にあった（図1）。本校では近年、「不登校生数減少」を生徒指導の重点目標に掲げ、毎日の家庭連絡、家庭訪問、スクールカウンセラーや諸機関との連携、保健室や相談室への別室登校、楽しい学校づくり、わかる授業づくり、など様々な取組を行ってきた。しかし、子供や保護者との関係は良好になるものの、不登校改善への抜本的な成果が現れなかった。

　そのような中、「不登校と生体リズムの関係」に関する研究をしている三池輝久医師（熊本大学名誉教授）の存在を知った。三池医師によれば、近年のコンビニやメディアの普及、仕事体系の変化などにより日本全体の夜型化が進む中で、睡眠時間の減少、夜ふかしといった生活習慣の乱れが子供にも及び、それらが脳機能低下を引き起こし、その結果、不登校をはじめとする諸問題が起きているという。

2 睡眠に関する実態調査

　平成27年2月に本校における不登校生徒の睡眠状況を調査した。この調査によると全校生徒の7割が深夜0時までに寝ていたのに対し、長期欠席生徒に絞ると8割以上が深夜0時以降に寝ていた（図2）。また、「毎日、同じぐらいの時刻に寝ていますか？」という質問に対しては、全校生徒の約8割が肯定回答しているのに対し、長期欠席生徒になると肯定回答は1割となった（図3）。

　また、普段毎日登校している生徒の中にも、朝から机に突っ伏している、イライラしていてよくトラブルになる、頻繁に保健室登校する、授業中寝ている、登校の行き渋りがある、などの行動が見られ、本校の調査によればこれらの生徒の多くが夜更かしや短時間睡眠といった生活を送っていた。

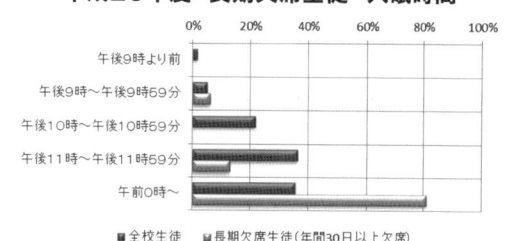

平成26年度　長期欠席生徒　入眠時間

図2　睡眠状況調査結果①（平成27年2月）

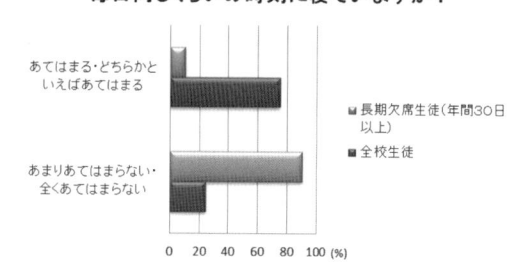

毎日同じくらいの時刻に寝ていますか？

図3　睡眠状況調査結果②（平成27年2月）

　以上の実態を踏まえ、不登校をはじめとする子供の改善のため、子供たちの睡眠への意識を高め、生活習慣を改善する「みんいく（睡眠教育）」に取り組みはじめた。難しいとされる中学生の睡眠改善に向けて、専門医との連携（教医連携）を軸に、みんいく授業、教材開発、個別面談、家庭・地域・関係機関との連携などに重点をおいて研究を推進することとした。

3 実践活動

(1) 睡眠・朝食調査

　校内の「みんいく」実践の中で、指導の起点を「睡眠・朝食調査」とした。睡眠・朝食調査で実際の睡眠状況を確認すること、言い換えれば、自分の「現実」を捉えることを「みんいく」のスタートとしたのである。

　子供たちの睡眠状況を確認するため、2週間にわたって自分の睡眠および朝食の状況を睡眠・朝食調査票（以下、睡眠票と略）に記入する（図4）。実際に寝ている時間を黒くぬりつぶすだけの簡易なもので、慣れれば1分ほどで書くことができる。学校での昼寝もぬりつぶし、また夜中に起きたりした場合は空白にしておく。この睡眠票により、普段意識

することが少ない「自分の睡眠」を可視化することができる。2週間後に書きあがれば、まずは子供たち自身が「チェックポイントシート」をもとに振り返り、自分の課題に「気づく」ことを促している。

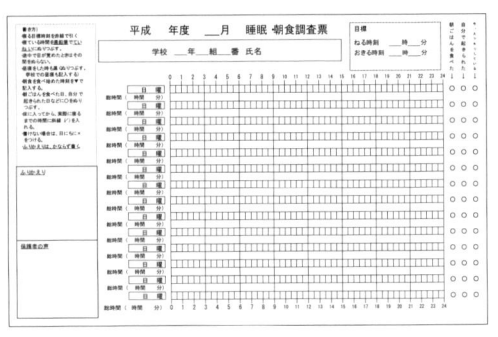

図4　睡眠・朝食調査票

さらに、家庭の協力が欠かせないことから、睡眠票には保護者がコメントを記入する欄が設けられている。調査票は、教員と保護者との普段の会話や懇談などの場において、子供の生活習慣について話すツールにもなっている。

(2) みんいく教材「睡眠を考える本」の作成

平成27年度、「みんいく」を実践していく上で、子供たちに授業やその他の活動を通じて「何を」伝えていくのか。教科と違い教材がない中で、自分たちで「みんいく」の柱ともいえる教材の作成に取り組んだ。作成にあたって、監修を三池輝久医師に依頼した。

また、「みんいく」を本校のPTA活動に位置付け、原稿作成も協働で取り組んだ。PTA役員の中には、身近に不登校で苦しむ家族がいる体験から、涙ながらに取り組みの必要性を語る姿もあった。PTAとの会議の中で「写真を多くし、楽しい紙面になれば」という意見のほか、「スマホへの指導を強化してほしい」という意見が上がり、眠れない原因の一つとして、大きく取り上げる運びとなった。約1ヵ月半の作業を経て、「睡眠を考える本」（写真1、後に、木田哲生編著『みんいくハンドブック』学事出版を刊行）が完成した。

写真1　睡眠を考える本

(3) みんいく授業

平成27年度から、学期に1回、年間で計3回、担任による「みんいく授業」を行っている。授業では作成した教材を使用しながら睡眠に関する知識を学ぶとともに、各自の「睡眠票」を振り返り、自分の課題や改善策を考えることが基本となる。

睡眠の乱れを引き起こす「夜のスマホやテレビ」との付き合い方、睡眠の乱れが心、体、学習に影響を与えること、そしてスムーズに寝るための工夫などについて学習する。

写真2　3年最後の授業

例えば、3学期の3年生の授業では、これまでの自分の睡眠票を比べながら、自分の睡眠の変化を分析するとともに、これからの睡眠について考えた（写真2）。生徒たちの意見は「受験勉強でだんだんと寝る時間が短くなっていった」「みんいくをやったおかげで、寝る時間が長くなった」など様々だった。授業の最後には、これからの長い人生において自分と家族を大切にする睡眠に取り組んでほしいと伝えている。

(4) みんいく面談

　睡眠・朝食調査などで明らかとなった睡眠が乱れている生徒などに対して個別の面談を行った。生徒、保護者、教員の三者面談を基本とし、面談は子供の生活状況を広く聞き取り「安心感のある関係構築」を目標に行う（写真3）。特に睡眠障害が疑われる生徒については、三池医師に睡眠票を診断していただき、保護者や生徒に伝えていく。

写真3　面談風景

　面談をはじめた当初、睡眠の大切さや三池医師の診断を伝えることを中心に行っていたが、ほとんど改善が見られなかった。試行錯誤する中で、安心感を醸成するカウンセリング理論をベースとした面談に切り替えることで、改善が見られはじめたのである。生徒たちの安心感を把握するための「安心感測定シート」をスクールカウンセラーと共同開発し、「学校」「勉強」「友人関係」「家族」など、生徒たちがどこに安心し、不安を感じているのかを確認しながら面談を進めた。その中で、睡眠の改善とともに登校改善や遅刻改善、暴力などの行動が改善していく生徒たちが現れてきた。

(5) 保健委員会での取組

　生徒たちの取組として保健委員会の取組を紹介する。平成27年度の保健委員会では、「自分たちの睡眠を見直そう」というテーマを設定し、全校生徒に睡眠への意識を高めるための活動に取り組んだ。プリントで周知するとともに、校舎内に独自に作成した「睡眠クイズパネル」を掲示した（写真4）。睡眠に関する

写真4　睡眠クイズパネル

クイズの答えはひもを引っ張ると現れる仕組みになっている。

(6) 地域でみんいくを推進

　生徒たちの睡眠の改善には乳幼児期からの継続的な各学校園での指導に加え、地域や保護者とともに活動することが効果的だと考え、校区内の幼稚園・こども園、小学校、高等学校、青少年健全育成協議会役員、保健センター保健師、大学教員、教育委員会指導主事、地域住民、PTAをメンバーに迎え、「早寝早起き朝ごはん推進委員会」を組織した（平成28年度からは「みんいく地域づくり推進委員会」に改名）。乳幼児期の睡眠は保護者の生

活の影響が大きいことや、小学校からはゲームやスマホ、高学年以上、中学、高校になるとさらに塾や部活動などにより生活が乱れる現状を確認した。

　毎回の会議では30名ほどが参加し、校区全体へのアンケート調査や、つうしんの発行、啓発ポスター作成（写真5）、地域全体での講演会や実践報告会を行った。

　さらに、メンバーは各自、自治会の広報誌への掲載、保健センターで実施される母親への生活指導、教育センターで教員研修の実施、地域のマンションやコンビニなどでの啓発ポスターの掲示、健全育成協議会主催の行事での呼びかけ、保護者どうしでの啓発、などに取り組み、委員会のメンバーが自主的に行う活動の一つひとつが、各学校園の子供たちや保護者、教員の意識を変えつつある。

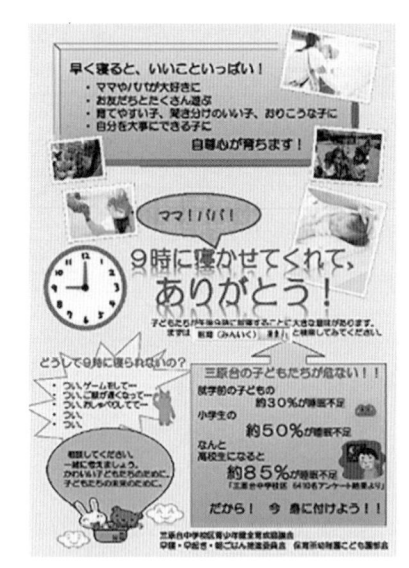

写真5　みんいく啓発ポスター

写真6　会議の様子

4　実践の成果と課題

　平成27年度から中学校区内の幼稚園、小学校、中学校、高校で取り組み、平成29年度は、堺市の27小中学校で「みんいく」の実践に取り組んでいる。まず不登校について、睡眠問題の改善が進むにつれて、本校での不登校が3年間で37％改善した（図5）。特に1年生の減少が大きく（62.5％減）、その背景には小学校での「みんいく」が影響している。

　図6は、校区内にある幼小中高を対象に毎年実施している睡眠調査結果の中の、午前0時以降の就寝者の割合を示している。

　不登校数が最も少ない現在の中1は、小学5年から「みんいく」を行い、小学6年生に

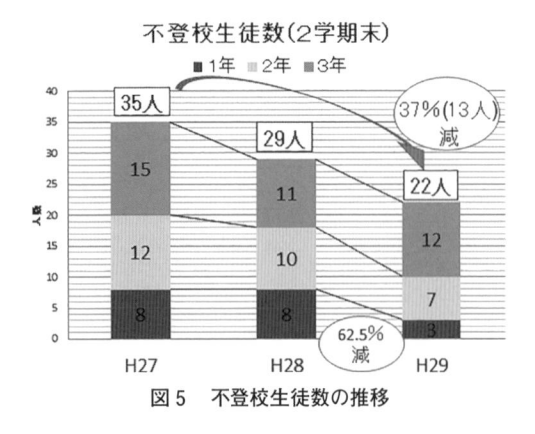

図5　不登校生徒数の推移

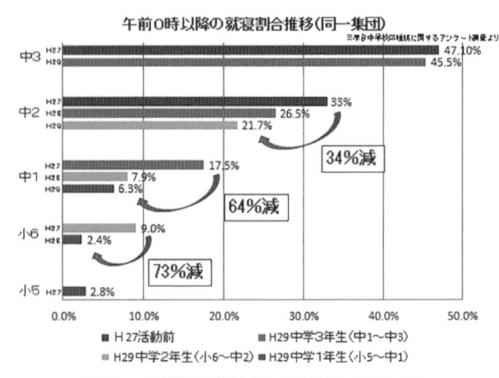

図6　睡眠調査結果（平成27〜29年度）

なると、「みんいく」を始める前の6年と比べ、73%減少している（9%→2.4%）。そして、この学年が中学校に入学した段階と、「みんいく」を始める前の中1とを比較すると、64%減少している（17.5%→6.3%）。このように、小学校での実践が中学校入学後の生活に良い影響を与えていることがわかる。

また、『堺市「子どもがのびる」学びの診断』によれば、「自分にはよいところがあると思いますか」という質問に対して、本校の1、2年生で10ポイント以上の回復が見られ、「授業に集中していますか」という質問に対しても改善している（図7）。

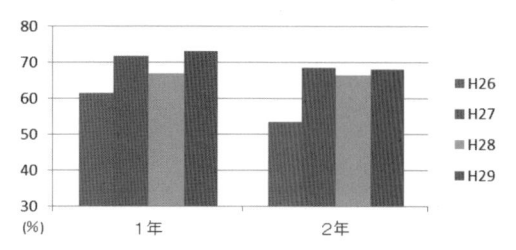

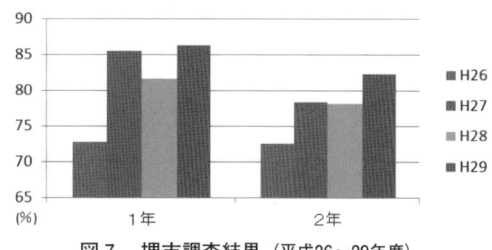

図7　堺市調査結果（平成26〜29年度）

今後の課題として、睡眠の改善に向けて、乱れてからの関わりだけでなく、乱れる以前やできるだけ早い時期に支援することに軸足を移していきたい。これまでの研究により、教師の関わりが早ければ早いほど睡眠改善が実現している。

これらの点から、予防的支援を行うための効率的な支援体制づくりが急務である。

5 他校で実践するには

他校で「みんいく」を実践する場合、最も重要なことは、「なぜ、みんいくが必要なのか」ということを明確にし、共通理解することである。実際に「みんいく」に取り組み始めた学校園からは、「周りの職員や保護者等から、なかなか協力してもらえない」といった声をよく聞く。「みんいく」という言葉自体、ほとんどの方ははじめて聞く言葉で、忙しい毎日で「取り組む余裕がない」と考えるのが普通の反応である。

生徒の実態についてアンケート結果等を用いて丁寧に説明し、子供の睡眠を中心とした生活リズムの改善がいかに重要かを共通理解すること。その上でそれぞれの立場を尊重し、それぞれの立場でできる「みんいく」に取り組むこと。つまり、「形」にこだわらず、「想い」を共有することが最善だということである。

これまでの経験から、「想い」が共有できれば自然と「形」が定まるのだと感じる。これから「みんいく」をはじめる学校園は、あまり形にこだわらずに、子供や学校園の実態に合わせて、自分たちの「みんいく」を創ってもらいたい。

がん教育

8 がん体験者と共につくる がんの授業

東京・墨田区立業平小学校　主幹養護教諭　山本志津子

1 がん教育の背景

　平成24（2012）年6月に改定された国の『がん対策推進基本計画』では、新たに「がん教育」が追加された。また、文部科学省でも、学校教育全体の中で「がん教育」に取り組む必要性があるとし、「学校におけるがん教育の在り方ついて」「外部講師を用いたがん教育ガイドライン」「がん教育推進のための教材」が示され、新学習指導要領でも中学校保健体育科（保健分野）、高等学校保健体育科（科目保健）のそれぞれにおいて「内容の扱い」として、がんを扱うことが明記された。

2 がん教育の目標とがん教育への期待

　「学校におけるがん教育の在り方ついて」によると、がん教育の目標は、①がんについて正しく理解することができるようにする、②健康と命の大切さについて主体的に考えることができるようにする、とされている。また、がん教育の必要性や実施の効果について、厚生労働省の「がん対策推進協議会」で議論された内容を要約すると、次のようになる。

●がん教育に期待されること●
- ・がんに対する恐怖心を軽減し、望ましい態度の形成に寄与する
- ・（誤った知識に基づく）がんに対する偏見の緩和・解消を図る
- ・社会の中での偏見がなくなることで、患者の負担を軽減する
- ・親ががんになったときの心理的負担を軽減する
- ・いのちについての正しい理解を助ける
- ・子どもを介して、親のがん検診受診を促進する（波及効果）

　このように、がん教育では、子供自身への効果に加え、がん教育の授業を受けた子供が、家庭で報告することによる波及効果も期待されている。また、誤った認識に基づくがんに対する偏見の緩和や解消、社会の中でのがん患者の負担軽減が求められている中で、多くの利益をもたらすことができる。

3 墨田区の取組

　墨田区では、平成26（2014）年に「墨田区がん対策基本方針」を改定。「がんによる死亡者数を減らす」などの基本目標を達成させるため、個別目標を設定し、その中の一つを、「がんに関する正しい知識を持つための健康教育・普及啓発活動の推進」とした。区長の付属機関として「がん対策推進会議」を設置し、その下部組織として「がん教育部会」を設け、子供へのがん教育の在り方を検討した。学識経験者、がん経験者、がん患者支援団体代表、都立病院がん相談支援センター職員、がん看護専門の訪問看護師、教育機関（教育委員会、小・中学校長、小・中学校養護教諭、中学校保健体育科教諭）、行政関係者（保健所）が委員となり、全校実施に向けて会議を重ねた。がん教育については、先駆的に取り組んでいる自治体があり、その取組方法は、①保健所等が主体となって取り組む（主に出前授業）、②教育委員会が主体となって教員が実施する、③患者会等の団体が実施する、といった形式に分類される。それぞれにメリットとデメリットがあり、例えば、①の場合、「専門的に教えることができるが、全校で展開することが難しい」、②の場合、「全校で実施できるが、教員の負担が大きい」。そこで、墨田区では、①と②のメリットを生かし、専門的に教えることができ、全校で実施できる取組とするため、検討を重ねて授業づくりを進めた。

4 本校での取組

　本校では2015年から第6学年を対象に、がん教育を実施している。目標を「①がんについて正しく理解できる（がんは身近な病気であること、がんの予防と健康な身体づくり、早期発見の重要性について）」「②地域の保健活動を知る」「③命の大切さについて考える（自分の命大切にする、家族の命を大切にする）」

とし、2時間扱いの1時間目は、養護教諭と担任がティーム・ティーチング（TT）で、保健領域「病気の予防」「地域の保健活動」の単元で実施した。2時間目は、道徳や総合的な学習の時間等を活用し、がん経験者の話を聞くことを中心とした。

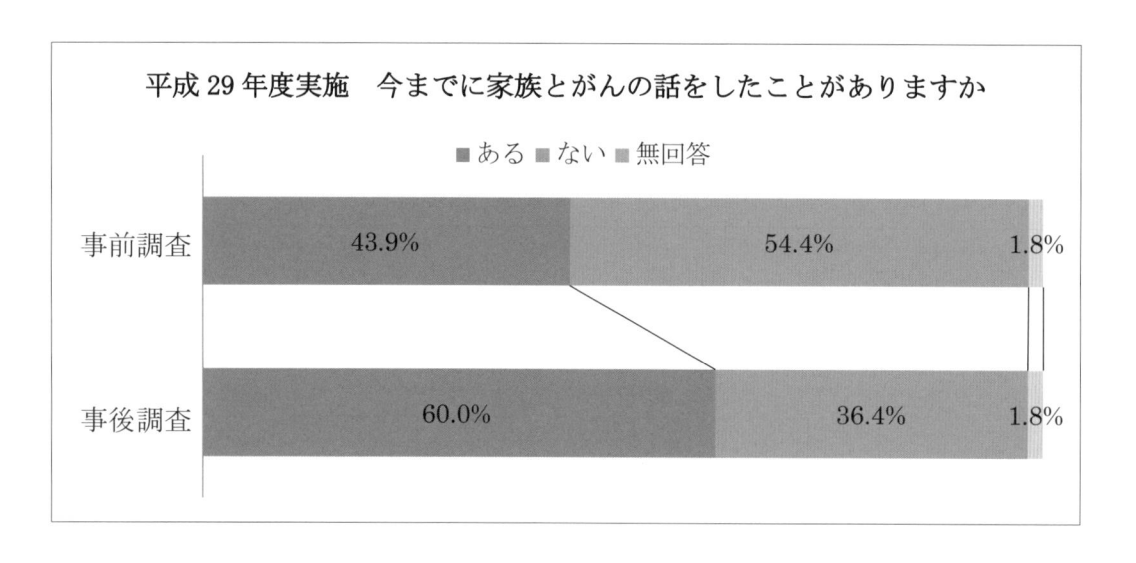

平成29年度実施　今までに家族とがんの話をしたことがありますか

■ある ■ない ■無回答

事前調査	43.9%	54.4%	1.8%
事後調査	60.0%	36.4%	1.8%

　1時間目では、まず、墨田区のがん死亡率やがんに関する基礎知識を学んだ。その後、グループごとにブレイン・ストーミングで様々な意見を出し合い、これらの意見を踏まえて、クイズ形式でがん予防について扱った。まとめのワークシートには、「お父さん、がん検診を必ず受けてください」「たばこは体に悪いからやめてね」など、家族への愛情あふれるメッセージが書けていた。授業の前後に行ったアンケートでは、「今までに家族とがんについて話をしたことがありますか」の問いに対して、授業後は「ある」が16.1ポイント上昇した。1時間目のねらいでもある、「いのちの大切さを学び、学んだ内容について家族にはたらきかけることができる」については、一定の成果が得られたと思われる。

　2時間目は、がん経験者の体験談が中心となるが、一方的に話を聞くだけではなく、子供が主体的に授業に参加できるよう、1時間目の終わりにゲスト・ティーチャーの紹介をし、聞いてみたいことを考えさせた。ゲスト・ティーチャーは、ふたりのお子さんがいる女性で、ご自身の闘病生活に加えて、当時小学生だったお子さんたちの苦悩や葛藤についても伝えたい、という強い希望があった。また、親がんになった子供のストレスは想像以上に大きく、がん患者の緩和ケアとともに、家族の緩和ケアが大切であることを確認した。何度も打ち合わせを重ね、がんと診断される前

・がんは検診で見つかったのですか？
・がんが見つかった時どんな気持ちでしたか？
・なにかしょう状はありましたか？
・一番つらかったこと、大変だったことは何ですか？
・がんになると痛いですか？苦しいですか？
・がんの手術はどのようにするのですか？手術後は痛いですか？
・どのような治療をしましたか？
・お金はどのくらいかかるのですか？
・周りの人から何か言われましたか？
・何が心の支えになりましたか？
・がんをどうやってのりこえたんですか？
・がんになった上で新しくチャレンジしたことは？
・自分のお子さんは入院中どうしていましたか？

・身近にがんになった人がいたら、何をしてあげると喜びますか？
・家族ががんになったときに自分がしてあげられることは何ですか？

・これからがんにかかるかもしれないみんなに伝えたいことは？

の生活、がんを宣告されたときの気持ち、闘病生活、家族の動揺や支え、これからの希望などを養護教諭との対話形式で、ていねいに語っていただいた。

子供が授業後に書いたお礼の手紙には、「がんに対して怖くて治りにくいというイメージを抱いていましたが、お話を聞いてそうではないことがわかりました」「あの45分間は、私にとって1分1秒でも多く生きることにつながったと思います」「がんと家族で向き合える○○さんや家族の方が本当にすてきだなと思

いました」など、大きく心を動かされた様子がうかがえた。

また、ワークシートの「身近な人ががんになったら何ができますか」の問いに対しては、「体だけではなく、心の痛みもあると思うから、一緒にいて落ち着かせてあげたい」「いつもどおりに話し、そっと寄り添う」などの回答があった。1時間目で得た知識が、体験談という生の声を通し、自分や家族のこととして、より現実的に受け止められていた。

さらに、子供が学び、考えたことに対して、家族で共有できるよう、ワークシートには保護者記入欄を設けた。保護者からは、「そばにいて、話し相手になることは、病気と闘う力にもなるし、頑張ろうという気持ちにもつながります」「病気の時は不安になるし、心も弱くなるので、心に寄り添うことはととても大きな力になると思います」などの温かいコメントが書かれていた。子供の学びを家族が共有することで、いのちの重さや家族の絆を再確認できる機会となった。

事前・事後アンケートの結果では、がんの原因となると思うものとして、「野菜不足」や「塩分のとりすぎ」、「運動不足」、「原因不明」、「ストレス」といった項目が授業実施後に著しく増えていた。一方で「細菌やウイルス」と回答した比率はほとんど増加がみられず、がんと感染の関係は伝え方に工夫が必要ということが分かった。

「がん検診はどんな人が受けると思うか」という問いについて、「健康な人」との回答は、56.1％から85.5％に増加した。また、「将来、がん検診を受けてみようと思うか」という問いには、「かなりそう思う」との回答が、33.3％から69.1％と大幅に増えていた。自覚症状がなくても積極的にがん検診を受けることの大切さについて、理解が進んでいることも分かった。

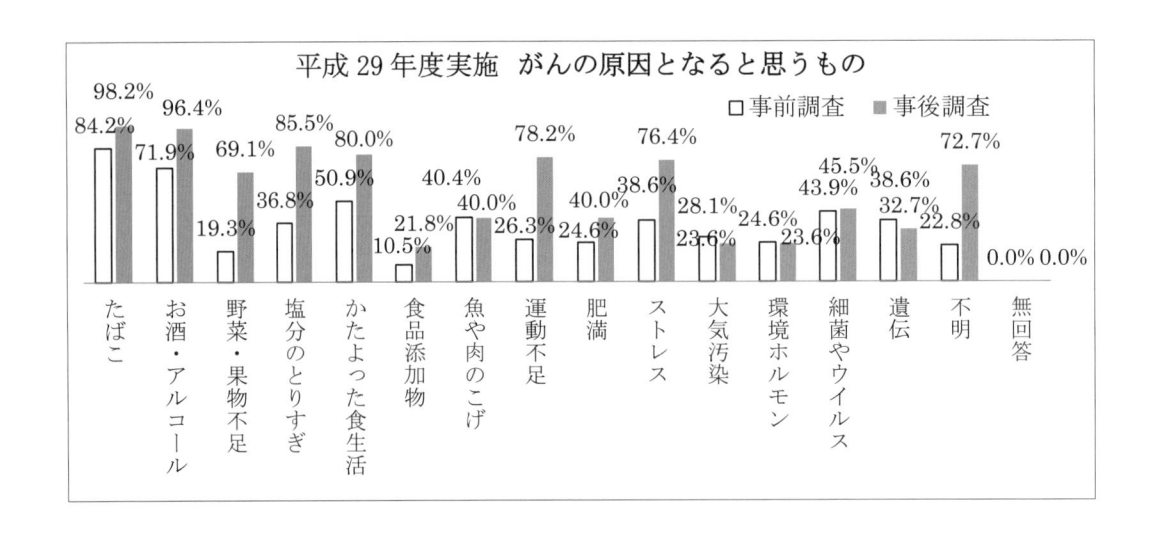

平成 29 年度実施　がんの原因となると思うもの

□ 事前調査　　■ 事後調査

項目	事前調査	事後調査
たばこ	84.2%	98.2%
お酒・アルコール	71.9%	96.4%
野菜・果物不足	19.3%	69.1%
塩分のとりすぎ	36.8%	85.5%
かたよった食生活	50.9%	80.0%
食品添加物	10.5%	21.8%
魚や肉のこげ	40.0%	40.4%
運動不足	26.3%	78.2%
肥満	24.6%	40.0%
ストレス	38.6%	76.4%
大気汚染	23.6%	28.1%
環境ホルモン	23.6%	24.6%
細菌やウイルス	43.9%	45.5%
遺伝	38.6%	32.7%
不明	22.8%	72.7%
無回答	0.0%	0.0%

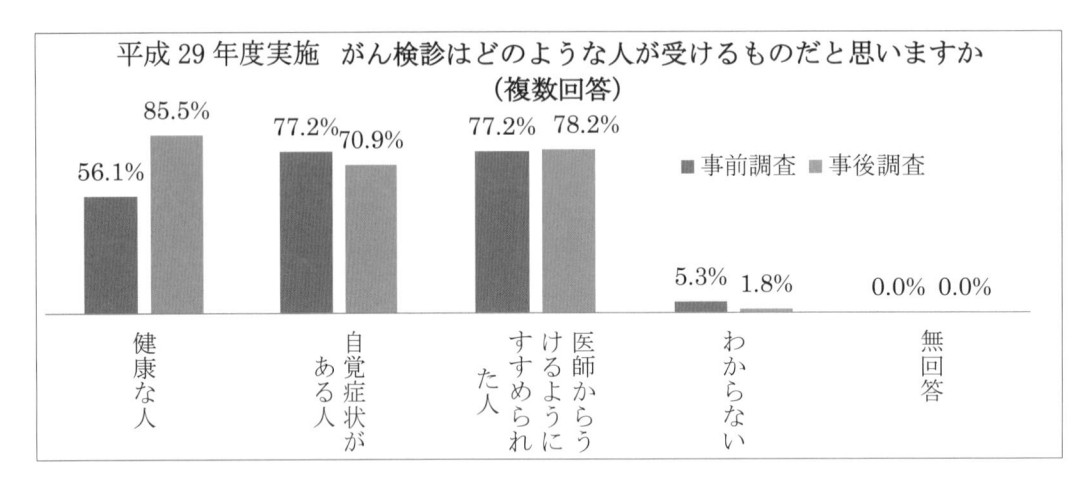

平成 29 年度実施　がん検診はどのような人が受けるものだと思いますか（複数回答）

■ 事前調査　　■ 事後調査

項目	事前調査	事後調査
健康な人	56.1%	85.5%
自覚症状がある人	77.2%	70.9%
医師からうけるようにすすめられた人	77.2%	78.2%
わからない	5.3%	1.8%
無回答	0.0%	0.0%

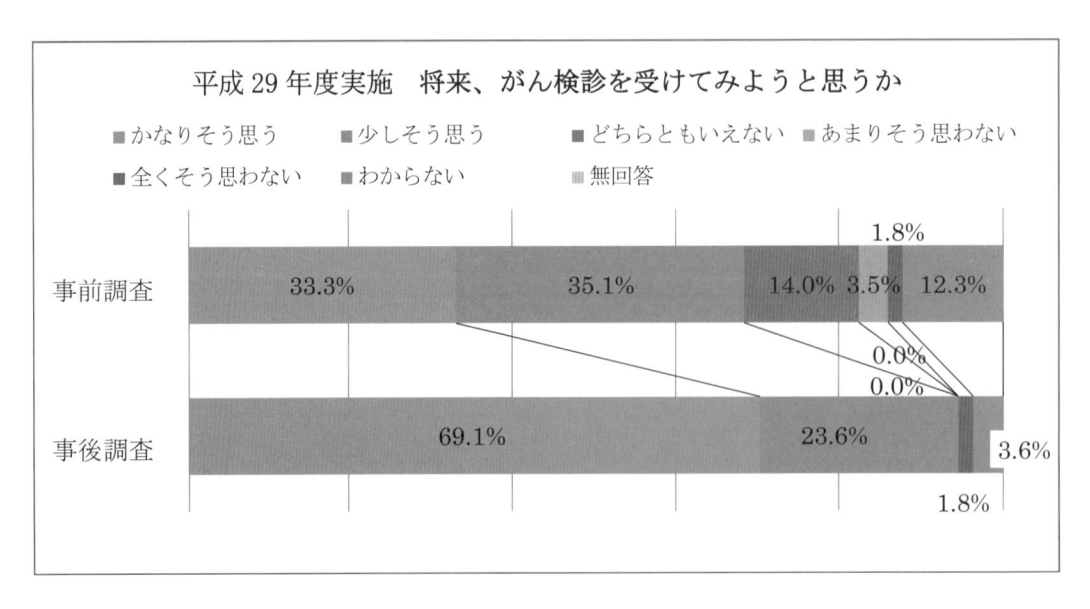

平成 29 年度実施　将来、がん検診を受けてみようと思うか

■ かなりそう思う　■ 少しそう思う　■ どちらともいえない　■ あまりそう思わない
■ 全くそう思わない　■ わからない　　■ 無回答

調査	かなりそう思う	少しそう思う	どちらともいえない	あまりそう思わない	全くそう思わない	わからない	無回答
事前調査	33.3%	35.1%	14.0%	3.5%	1.8%		12.3%
事後調査	69.1%	23.6%		0.0%	0.0%	1.8%	3.6%

以上のように、健康といのちについて考える機会をもち、がんに対する正しい知識を身につけた子供たちは、自分自身の健康を守るだけでなく、がんと向き合う方たちへの認識を深めることができた。小学校からのがん教育が、「がんになっても安心して暮らせる社会づくり」へとつながることが期待できる。

5 留意点

　がん教育を推進するにあたっては、小児がんの当事者やがん患者、家族が闘病中、または、がんで亡くなった近縁者がいる子供に対する配慮やケアが不可欠となる。事前に保護者向け通知文を配布し、配慮が必要な子供がいる場合は、授業に参加させるか意思確認を行った。参加したいという意志を示した場合は、表情や反応に注意し、フォローしながら参加させた。がん患者の子供たちは、「親ががんになったのは、自分のせいではないか」と考えて苦悩する傾向があることを考慮し、がんになるのは、誰のせいでもないことも伝えた。

　がん教育の内容については、生活習慣とがんの関連について取り扱う。そのため、がんになった人は、不摂生な生活を送っていた、というような間違った認識を与えてしまうことのないよう、幅広い視点や内容で、正しく伝えていく必要がある。また、がん患者やその家族への緩和ケア、グリーフケアについては、詳しく扱う時間を確保することが難しいので、道徳や学級活動の時間を活用して行うとよい。

6 課題

　墨田区では、教育委員会と保健所が協働して、がん教育指導の手引きや指導用教材を作成し、外部講師の手配も行っている。また、地域のがん拠点病院やNPO法人等もサポート体制を整えつつあり、様々な関係機関との連携が拡がると思われる。それでも、各校の実情に合う外部講師の選択、十分な打合せ時間の確保、授業のコーディネートなど、繁雑な実務を誰が行うのか、といった課題がある。また、指導する教員への研修体制や教育プログラムの整備も求められている。

〈参考文献〉
『墨田区　がん対策基本方針』2014年3月
『「墨田区小学校・中学校がん教育」がん教育指導の手引き』2019年7月
『がんになった親が子どもにしてあげられること』ポプラ社、大沢かおり著、2018年2月

観光教育

「観光教育」を取り入れた社会科指導
～地域の観光資源に視点をあてて～

沖縄・石垣市立石垣小学校　教諭　伊藤真哲

1 実践のねらい

◆観光教育を通して地域の魅力を再発見　故郷に愛着や誇りを持てる児童の育成

　沖縄県は『青い海　青い空』に囲まれた自然豊かな島で、独特な文化を持ち、日本の中でも観光地と高く評価されている。平成7年には「美ら島おきなわ観光宣言」で観光立県を表明し、平成26年には観光産業を県民一体となって盛り上げるために「めんそーれ沖縄県民宣言」が宣言された。近年では、本校が位置する石垣島でも観光客は増加しており、年間110万人以上の観光客が来島している。観光客は、きれいな海や豊かな自然、島の食材や島料理、伝統文化などに魅力を感じて来島しているが、一番は「時間を忘れてのんびり過ごせる」ことが理由に挙げられている。（「観光の未来を考える　観光動態調査　報告書」石垣市より）

　石垣島が国内でも屈指の観光地となった今、市民も主体的に「観光」と向き合う必要がある。「どうぞいらっしゃい」というような受け身的な捉えでなく、石垣市民として今後の石垣島観光について考えていくことが石垣島の発展に繋がるのである。本実践は、観光教育を意図した教材開発の一つである。

　目指す子ども像として「八重山の自然と文化を尊重できる子ども」「観光に関わる産業について理解ができる子ども」「訪問者が八重山ならではの豊かな時間を楽しめるために自分に何ができるか考える子ども」の3点を掲げた。

2 主な内容

◆指導計画に取り入れた観光教育の「視点」

　本校では、4年社会科単元「私たちの○○県」を展開する中で「観光教育」を取り入れて指導した。単元「私たちの○○県」（30時間）では、自県の地理的特色について地形や交通、産業などと項目を学び、自然や伝統を生かした地域性などを学習していく。ここに、「観光客の目」を子どもたちに意識させることにより、自県の地理的特色などを「自県のよさ」として新鮮に気づかせていく。「年間400万人もの観光客が沖縄県を訪れていま

すが、どうしてだと思いますか。」という発問から、児童は副読本から、「冬でも暖かいから」「美しい海や森があるから」「首里城や美ら海水族館に来る」など他府県にはないポジティブな良さを見つけることができた。視点を「自然・食・歴史・生活文化・イベント・施設」という6つの窓口を与えることで、より一層、児童は自県の良さを考えることができた。地図帳で自県をいくら見つめさせても県の良さは見出せない。他県との違いの中で自県にしかない価値ある物として扱うことが大切である。県の伝統工芸品についても、児童自身が持っていなかったり、使ったことがなかったりするため、「観光客が魅力と思うのはなぜか」がわからなかったりする。この「問い」を解決するために調べ学習を行うことで、主体的な活動を促すことができるとともに、児童は「自分も買って使いたい」や「県の特色ある自慢としてこれからも作り続けてほしい」といったポジティブな自県の観光資源に気づくことができる。

　以下は4年社会科単元「私たちの○○県」の展開例である。

学習指導要領上の内容	小単元の配列 （副読本：私たちの石垣市）	観光教育の視点に立った展開
自県と47都道府県の構成	沖縄県の位置と47都道府県の構成	観光客から見た日本の中の沖縄県の位置
わたしたちの県の地形	沖縄県の土地の高い・低い地域や高い山や長い川について	沖縄県の美しい地形や土地利用からみた観光の魅力
県の様子 （交通と人口、都市）	沖縄県の交通の様子や那覇市について	観光客が使う交通網と訪れる沖縄県の市町村
県の様子（主な産業）	沖縄県の農漁業や特産物について	観光客が目で見た沖縄県の農漁業や鉱工業
自然を生かしたまち	県内の自然を生かしたまちづくり	自然を訪れる観光客の楽しみとまちづくり
伝統や文化を生かしたまち 他地域と結びつく県内のまち	県内の伝統や文化を生かしたまちづくり	伝統・文化を訪れる観光客の楽しみとまちづくり
他地域と結びつく県内のまち	世界各地に移住した沖縄県の人たちとの交流について	沖縄県を訪れる内外からの観光客と文化交流

3 活動の実際

◆フィールドワークを通して観光資源を調査

　「観光教育」を取り入れた社会科の授業を展開していく上で、玉川大学教育学部教授の寺本潔氏に協力いただいた。寺本氏は「沖縄県観光学習教材」の編集委員を務めており、本県の観光教育のスペシャリストである。今回は寺本氏の提案により、より身近な校区内の観光資源を見いだす授業を展開した。

指導計画（全 7 時間）

次	小単元	時	学習内容
1	八重山の観光について考えよう	①	○八重山を訪れた観光客が年間112万人と多い事実を知り、何を楽しみに112万人もの観光客が石垣島を訪れるのか考える。 ○石垣島の良さについて「自然・食・歴史・生活文化・イベント・施設」に当てはめて考える。 ○イラストカードを活用し、「絵＋動詞」の組み合わせで、八重山における観光客の新しい楽しみ方を考える。 例：川平湾でグラスボートに乗り、海中の魚を見る。ランチで八重山そばを食べて、ヤシ林で環境音を聞いてのんびりする。 ○各グループの新プランを発表、比較する。
		②	○「まちまーいで沖縄再発見」という写真から、「まちまーい（まち巡り）」が観光客に人気であることを知る。 ○石垣小の周辺をまちまーいするなら、どんな場所を・何を見せたいかを考え、石垣小学校周辺の観光資源について考える。 ○一般の家の庭でも、他府県では珍しい樹木があることを知り、次時の校外学習で庭見学があることを知る。 ○使い捨てカメラを提示し、次時に見学、撮影に行くことを知る。
2		③ ④	○石垣島の植物について、他府県にないものの特徴について知る。 ○校外学習における取材のめあてや視点の確認をする。

〇校外学習
　・石垣小学校南にある「宮鳥御嶽」
　・沖縄県最古の木彫像の仁王像がある「桃林寺」
　・桃林寺の東にある国指定重要文化財「権現堂」
　・薬草いっぱいの民家（亀川さん）の庭
〇校区内の当たり前の風景の中に「価値」を見出し、観光資源として再
　発見する。

石垣小学校区で観光資源を探そう

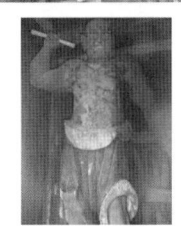

| 3 | | ⑤⑥ | 〇観光ポスターとしてコラージュ作品を作ることを知り、構図の考え方やグループ内での役割分担について知る。
〇構図を考えたり、タイトルや説明について考えたり、校外学習で撮影してきた写真を模造紙に貼り付けたりしてコラージュ作品を作成する。
〇それぞれのグループの作品を発表・交流する。 |

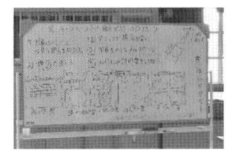

コラージュ作成の様子

<table>
<tr><td rowspan="2">観光客に紹介するコラージュ作品を作ろう</td><td></td><td></td><td>

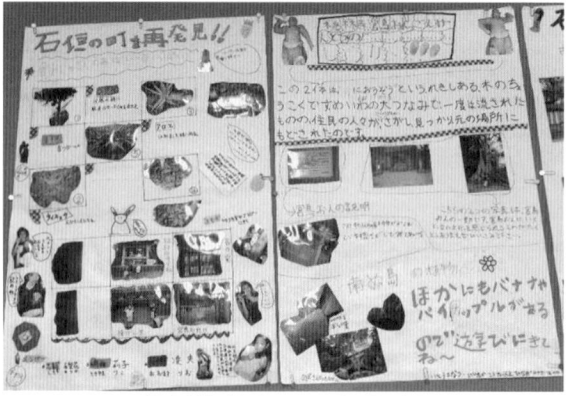

児童が作成したコラージュ作品例
</td></tr>
</table>

| 4 | ⑦ | ○単元を通しての活動を振り返り、「石垣市街地にもっと多くの観光客を呼び込むためには」という題で感想文を書く。 |
| 振り返り・まとめ | | |

〈児童の感想文例〉

石小の周りには観光地がたくさん

四年　（男子児童）

　ぼくたちの通っている石垣小学校の周りには観光地がたくさんあります。ふだんは古びたただの学校や木だらけうたき（宮鳥御嶽のこと）、ただの寺やただの庭と思える場所は、実は歴史を知れば、ぜったいに行きたくなります。

　まず、木だらけのただのうたきは、昔は石垣村と登野城村の中心で、本当は石垣小学校の敷地も宮鳥御嶽の一つなのです。

　ただのお寺と思っていた桃林寺は、日本最南端のお寺だったのです。ただのお寺も場所と歴史を知れば、とてもめずらしく思えてきます。

　石垣島に住んでいる人のお庭には、植物がいっぱい生えていますが、実は、めずらしい植物なんです。ソテツ、ヨモギ、ウコン、パパイヤなどがあります。このように、ぼくたちはふつうと思っても、石垣小学校の周りには観光地がたくさんあるのです。

4 成果と課題

◆各地域の観光資源の発掘を

　本実践の翌年、『「おきなわの観光」意見コンクール』において、本実践を通して学んだ思いを書いた児童の意見文が小学校の部で優良賞に選ばれた。このことからも、児童の観光に対する意識の向上がうかがえる。また、本実践を通して、3・4年社会科の「地域社会に対する誇りと愛情を育てるようにする」という目標に近づけたものと考える。

　本実践では、自校の校区内における観光資源に視点を当てた。本校の学習プログラムとしてはよいが、別の地域では別のところにまた別の観光資源がある。これを指導する前に下調べを行って発見し、どのように活用していくのかを考えなければならない。これは、教材開発の醍醐味でもあるが多大な労力を費やすこととなる。右も左もわからないような新たな勤務地でも、どの教師が担任しても指導できるプログラムを開発するためには、地域人材の活用とその引き継ぎが必要不可欠であろう。

　また、フィールドワークの際に、観光客にインタビューすることも必要になる場合がある。児童が地域のよさがわからない場合には、観光客に直接声を聞くことで、児童にとっては身近なために当たり前と思っていることが、観光客にとっては魅力であると、気づくことができるであろう。

5 他校が実践するときの留意点

◆地域にあった観光資源を教材に

　本実践での観光資源はそれぞれの地域性によって異なってくる。石垣島のような豊かな自然は、都会にはないだろう。それぞれの学校における観光資源について、教師が理解し、観光教育の視点を持って各教科（本実践では社会科）の指導に当たることが大切である。

（追記）

　『「おきなわの観光」絵画・意見発表コンクール』は、株式会社かりゆしの創業40周年記念事業「観光文化事業」の一環として平成14（2002）年よりスタートし、平成25（2013）年より沖縄県ユネスコ協会と共同開催されている。県内在住の児童・生徒・学生を対象に、観光人材育成事業の一環として文化振興、観光の発展に寄与することを目的に開催している。インターネットで作品を見ることができる。

グローバル教育

10 社会に開かれた教育『エンパワーメント・プログラム』

東京都・私立成城中学校・高等学校　校長　栗原卯田子

『エンパワーメント・プログラム』は今、多くの公立、私立の学校に広まっていると聞く。このプログラムを最初に実施した学校として、社会に開かれた教育活動やカリキュラムの参考になればと思い、本校でのプログラム導入の経緯やねらい、実践と成果などをここに紹介する。

1 エンパワーメント・プログラムを取り入れた背景・理由

　私は東京都立小石川中等教育学校で6年間校長を勤めた後、東京都新宿区にある私立男子校、成城中学校・成城高等学校に校長として赴任した。着任後まもなく校長室にやってきた生徒との会話を今でも思い出す。「先生、小石川から来たのですよね。僕たちも海外に連れて行ってくれますか」。小石川で実施したオーストラリアの語学研修をその生徒は知っていたのだ。海外に行きたい気持ちはわかるものの海外研修は多くの準備が必要なので、すぐにはできないと答えた。しかしながら生徒の輝く目が凄く印象に残った。このことをきっかけに、私は、成城で真のグローバル研修を作りたい、海外から学生を呼ぶことならばすぐに実現可能かもしれない、と考えるようになった。

　小石川中等教育学校で1期生から始めた中学3年全員参加の「オーストラリア語学研修」は一人一家庭にホームステイする集中型語学研修であった。成城ではこれを発展させ、グローバル時代に求められる資質・能力を身に付ける「グローバル教育」として企画・提案しようと考えた。その背景には以下のことがある。世界経済において、かつて日本は世界のGDP（国内総生産）の20％を占め、日本はアジアで「NO1」を誇っていた。しかし、OECD（経済協力開発機構）による経済予測では2030年には日本のGDPは世界の4％に、さらに2060年になると世界の3％、そのとき中国は28％に、インドが11％になる、との予想が出されていた。世界における日本の経済力がこのように落ち込んでいくとき、日本は最早アジアの中心ではないだろう。このような危機感のもと、国境を越えて多様な価値観が行き交い、激しく変化する中で生きていく生徒たちのために、求められる資質・能力を育成する「グローバル教育」を考えたいと思っていたのである。

2 「エンパワーメント・プログラム」の誕生

　グローバル社会は多様性（diversity）や移動性（mobility）を伴う。多様な環境の中には多様な価値観があり、激しく移動し行き交う環境においては、その時その場で自分はこう考える、こうするのが良いだろうと、**自分で自分の道を選ぶ力**が求められる。だから、自分で読み解き、自分で考え、自分で判断する力が生きる上での土台となる。そのようななかで、グローバリゼーションを「危機ではなくチャンスとして受け入れることができる力」、つまり「これからを positive に生きる力」を身に付けるにはどうしたらよいか。これがグローバル教育を考える際の私の観点である。

　小石川中等教育学校長の最後の年に、アメリカ合衆国カリフォルニア州立カリフォルニア大学デイビス校の藤田斉之先生を知る機会を得た。先生は日本人でありながらアメリカで英語を教える立場にあり、日本からやって来る若者をよく見ておられた。このままではグローバル時代に日本の若者は生き残れないと「自己確立」の必要を強く主張されていた。藤田先生が指摘された日本の若者の課題は、英語力だけではなく、自分で議論し切り拓いていくという「自立」に関わる問題である。言い換えると、グローバリゼーションに対応し生き残っていくためには、自分のことは自分でできるか、普段から自分の意見を持ち、議論に加わるという習慣を身に付けているか、何より自立した人間であるかが問われるということである。これらを身に付けるにはどんな教育が必要なのだろうか。異文化の中に身を置き自分で感じ考えること、一歩前に出ること、議論すること、……このような経験を日常生活、つまり普段の学校や家庭での生活の中で、体験しながら積み上げていくしかないだろう。

　藤田先生はカリフォルニア大学の学生を短期間日本に送り、日本人生徒と議論するプログラムをお考えだった。それを成城でやることになった。果たしてカリフォルニア大学の学生が成城に来てくれるのか不安だった。細かな事務作業は先生が若い頃に留学でお世話になった ISA（留学関係業者）を通して実施することとなった。こうして、「成城版グローバル教育」がカリフォルニア大学との連携で実現する可能性が出てきた。藤田先生はデイビス校に限らずバークレー校などカリフォルニア大学全体に呼びかけ、プログラムは『エンパワーメント・プログラム』と命名された。

3 実践の概要とポイント

◆プログラムは、以下のような形でスタートした。
- ・本校の中学 3 年生、高校 1 年生、高校 2 年生の希望者を対象とする。
- ・アメリカの学生は本校のプログラムに参加する生徒宅にホームステイをする。

- 実施時期は 8 月のお盆の頃とする。
- 生徒 5 人にカリフォルニア大学の学生が 1 人ずつグループリーダーとして付き、プログラムはグループ活動を基本とする。
- プログラムは、1 日 5 コマ、昼休みの交流を入れて 1 日 6 時間で、5 日間連続して行う。各コマにテーマが設定され、生徒は与えられたテーマについて議論、企画、発表を繰り返していく。
- コミュニケーションツールは英語とする。
- グループリーダーの学生とは別に、プログラム全体を統括的に運営するネイティブの英語教師をファシリテーターとして置く。

　選ばれたカリフォルニア大学の学生たちは、現地で藤田先生によるオリエンテーションを受けて来日する。プログラムは月曜から始まるため、前日の日曜日に本校の保護者がホストファミリーとして学校に迎えに来る。学生にとってはこの日からホームステイが始まり、翌朝（月曜日）生徒と一緒に登校してプログラムの実際が始まる。

　初日は Opening Ceremony で始まり、自己紹介、アイスブレイクなどで関係を作る。2 日目から与えられたテーマでの議論、企画、プレゼンテーションが始まり、生徒たちは自分で考え、行動する。最終日には保護者を招待しての発表会、その後修了証が渡され、Closing Ceremony で終わるという構成になっている。プログラムの途中には、アイスブレイクや、理解を助けるためのゲームを導入するなど、ファシリテーターによって様々な工夫が施される。初年度以来、カリキュラムには、「My Identity」、「Positive Thinking」などがテーマとして設定され、学生との交流を通して「自分」を考える機会が設定されている。さらに、

- グローバルリズムについて考えること
- 英語力、英語の必要性を知ること
- 世界のトップ大学で学ぶ学生たちとの交流から学ぶことは何か
- 人生を自分で考え、「自己の確立」「自己実現」を目指すこと

などは、毎年扱われている。

　初年度は、その都度、必要なプリントを作って配り、生徒の様子を見ながら実施した。この時は今のような「テキスト」はまだなく、ファシリテーターの先生から毎日様子を聞いて、レベルを相談しながら、宿題を与えたりして進めていた。アメリカの学生は生徒に寄り添い、最後のプレゼンテーションまで、グループ内の生徒と一緒にそれぞれ原稿の仕上げを手伝ったり、プレゼンの練習やリハーサルをしてくれたり、という試行錯誤の 1 年目だった。

　翌年から「テキスト」を作成して事前に配付することにした。また、2 年続けて参加す

るリピーターが出たため、基礎クラス、発展クラスに分け、さらに3年目は、基礎クラス、標準クラス、発展クラスの3段階に分けて実施することになった。

　今年6回目を迎え前年度の反省を踏まえて更なる改善が進んだ。事前オリエンテーションを2回実施するとともに、生徒のレベルに応じた3種類のカリキュラムを提供するなど、より生徒の実態に応じた内容に変わった。また、振り返りのための事後研修も実施した。

◆プログラムの実際
　以下に【2013年度と2018年度のカリキュラム】を例示し、様子を写真で紹介する。

成城中学校・成城高等学校　2013 エンパワーメントプログラム　カリキュラム

	9:00 - 9:50	10:00 - 10:50	11:00 - 11:50	13:00 - 13:50	14:00 - 15:00
Aug 12th	開会式 プログラムについての説明 アイスブレイキング アクティビティ	参加者、留学生による3分間自己紹介とフリーディスカッション	英語コミュニケーション力を高める活動(1)	英語コミュニケーション力を高める活動(2)	スモールグループディスカッション *海外の学校生活と日本の学校生活* 今日の振り返り
Aug 13th	ウォームアップ アクティビティ スモールグループ ディスカッション ポジティブシンキングの重要性	ポジティブシンキングを実践しよう	英語コミュニケーション力を高める活動(3)	留学生の国で、子供たちに人気の遊びを体験してみよう。	今日の振り返り
Aug 14th	ウォームアップ アクティビティ 英語コミュニケーション力を高める活動(4)	スモールグループ ディスカッション My identityについて考える(1)	プロジェクト1 オリジナルスポーツを考えよう！		スモールグループディスカッション *留学生の日本観*について 今日の振り返り
Aug 15th	ウォームアップ アクティビティ 英語プレゼンテーションスキルの学習	スモールグループ ディスカッション My identityについて考える(2) My identityについて発表する	プロジェクト2 アメリカに、新しい日本食レストランをオープンしよう！		スモールグループディスカッション *将来の夢*について 今日の振り返り
Aug 16th	ウォームアップ アクティビティ スモールグループ ディスカッション グローバリゼーションについて考える	グローバル時代を生き抜くために何をしたらいいか、一人ずつプレゼンテーション	本プログラムを通して、自分が達成したこと、自分の中に変化が見られたこと、将来の目標に向けて、明日から行動を始めたいことなどについてプレゼンテーション準備		個人プレゼンテーション 閉会式 修了書授与、コメント

＊ディスカッションやプロジェクトのテーマは予定です。プログラムを進行しながら、講師が調整します。

グループで考える

議論する

意見を言う

保護者の前でプレゼン　　　　　一人一人によるプレゼン①　　　　　一人一人によるプレゼン②

Seijo Junior and Senior High School　　Seijo Pre-Empowerment Program 2018

	9:00-9:50	10:00-10:50	11:00-11:50	13:00-13:50	14:00-14:50
8/6	オープニングセレモニー アイスブレイキング アクティビティ	お互いの自己紹介タイム1 （事前に自己紹介の内容、留学生に聞くこと両方を準備）	お互いの自己紹介タイム2 違う留学生と自己紹介をしあう	Enjoy Speaking in English!1 身近なトピックを基に留学生との親交を深める	Enjoy Speaking in English!2 身近なトピックを基に留学生との親交を深める
8/7	プロジェクト　1 自分のライフマップ作りに挑戦 ⇒自分はどんな人間か自分の強みはなにかについて考える 英語プレゼンテーションの基本		グループ内もしくは複数のグループジョイントで、ライフマップについて一人ずつプレゼンテーション	ACTIVITY 1 - 学校内フィールドトリップ 留学生を案内する場所を選択し、説明できるようにする （場所：図書館、校庭、食堂、など） 留学生を案内しよう！各グループごとに留学生、講師と一緒に回り、学校内を案内する	
8/8	お互いの自己紹介タイム3 1，2回目とは違う留学生と自己紹介し合う	グループディスカッション1 自分達の学校の好きなところ 日本と留学生の国の学校生活の違い　等 その後、ディスカッションを通して気づいたことを発表		ACTIVITY 2 留学生の国でポピュラーな子供の遊びを体験しよう	グループディスカッション2 明日の"Talent Show"に向けた準備
8/9	留学生による"自分の夢"についてのプレゼンテーション 各グループで、感想を述べ合う、また質問を考える	プロジェクト2 世界を知る 世界で起こっている問題の解決に向けて、自分達ができることについて話し合おう		ACTIVITY 3 Talent Show 自分の得意なものを英語で説明しながら披露しよう	
8/10	フリーチャッティング 今まで一緒のグループになっていなかった留学生と自由に会話を楽しむ	グループディスカッション3 昨日のTalent Showを通して再発見した友達のすごさや、自分で自信をもてたこと	プレゼンテーションに向けた準備 プロジェクト1で作成したライフマップの将来の部分を見直してみる	1人1人によるプレゼンテーション （トピック：将来のライフマップ） クロージングセレモニー ファシリテーター、留学生によるコメント・修了証の贈呈	

　毎年、実施後にアンケートをしている。生徒の満足度は大変高く、平成30（2018）年度は初めてすべてのクラスで100％となった。実際にプログラム実施中の生徒は生き生きしている。このプログラムは、議論や交流を通して人種や文化など、それぞれのバックグラウンドの違いを知ること、そして自分で考え、自分を変え、さらに数年後には自分の生き方を明確にして、自己確立していく。このことを最終目的としている。すべては、生徒たちが皮膚の色や文化の違う人たちと一緒に行動し、グローバルリーダーの彼らから学ぶ機会を大切にすることから始まる。

4　導入する際の留意点

　英語力向上を目的とするプログラムではない。英語力の必要性を感じ、結果として向上

のきっかけにはなり得るが、前述のように、そもそもは自己確立を目指すものである。何よりも自分の意志が大事である。このプログラムはメンタルに触れ、哲学的なことを考える場も含まれていて、親の薦めがあったとしても本人の意志がないと続かない。そのことを踏まえて、強制することなく進行していかなければならない。本人の気が進まなくても自己の悩みどころに触れるものであれば、乗り越えられることを私たちはこれまでの経験から理解している。しかし、自分に無関心のままでは単なる交流に終わりかねないので、参加の意思を確認することは留意すべき点である。

　また、基本的にカリフォルニア大学から派遣される学生は「日本での交流」に高い関心を持つグローバルリーダーの資質を備えた学生である。ホテルではなく、ホームステイとしたのは彼らからの影響を存分に受け止める機会を作るためである。したがって、受け入れる学生に対して尊敬の念を持つことが大事で、人種や文化の違いを受け入れる意識が求められる。かつて、アプリケーションフォームを見て、「受け入れ予定の学生を変えてほしい」という要望が保護者から出たが、校長として変更を断った。素晴らしい学生とのプログラム終了後、その保護者からお詫びと感謝の意を述べられたという経験がある。

5 エンパワーメント・プログラムの導入の成果と学校の変化

　2018年の夏、第6回エンパワーメント・プログラムを実施した。初回に参加した生徒たちは既に大学生である。彼らは自分たちを「エンパワ1期生」と呼んでいる。その影響力は大きい。例えば、カリフォルニア大学の学生をホームステイで受け入れた生徒が、逆にアメリカの自宅に招かれ、それを期に学問に目覚めたり、また、カリフォルニア大学の学生がこのプログラムをきっかけに東京大学の大学院に合格して日本に住むことになり、当時のホストマザーが宿探しを手伝ったり、入学式に出席したり、等々。今なお様々な繋がりが継続していて、エピソードは絶えない。中でも成城高校卒業後、大学でリーダーシップを発揮し、大学の交換留学生に選抜されて派遣されたり、グローバル系のサークルのリーダーを務めたり、彼らの活躍ぶりには目を見張るものがある。

　「エンパワ1期生」以来、本校の進学先が従来と大きく変わった。慶應義塾大学、ICU、上智大学などのグローバル系の学部、特に英語で授業を受ける秋田国際教養大学への進学者が出るなど、今までにない進学結果が表れた。海外大学への進学者も現われ、日本の大学に進学した理系の学生の多くが、今は海外を意識して学んでいる。

　このプログラムの目的は、議論や交流を通して異文化やバックグラウンドの違いを知ること、さらには自分を変え、数年後、自分の生き方を見つけ、最終目的は自己確立である。**日本の教育の良さを残しつつ、グローバル時代の人間力の高い逞しい人をどう育てるか**、これがグローバル教育の課題だと思う。

ESD（持続可能な開発のための教育）

11 地域に学び、地域を愛し、地域とともに生きる児童の育成

群馬・藤岡市立北中学校　教諭（前・藤岡市立小野小学校）　小西啓吾

1 実践のねらい

(1) 藤岡市立小野小学校での実践について

　藤岡市では、学校・地域・教育委員会が連携し、コミュニティ・スクールの推進を基盤とする小中一貫教育の充実により、「笑顔、やる気、希望に満ちた子どもたち」の育成を図っている。「小中一貫教育」では、たてのつながり（小学校と中学校）とよこのつながり（学校と地域）を生かして、未来を担うための資質・能力、すなわち「生きる力」を児童に身に付けさせることを目指している。

　こうした中、藤岡市立「小野」連携型小中一貫教育では、市内各地の郷土の歴史や人物、文化等について学ぶ「高山社学」や「英語力向上」に取り組んでいる。つまりこれらを主軸に、地域に愛着と誇りをもち、社会や世界に広く目を向けることができる子どもを育てることと、自分と異なる文化をもつ外国人とつながる力を育てることを目的とし、地域社会や世界で活躍する児童を育成することを目指している。

　そのため、各教科等で身に付けた知識と技能を活用、発揮することができる教科横断的・総合的な学びを行っていくこととともに、具体的な活動や体験（地域素材を活用した学習、地域行事への参加・参画等）を通して学んでいくことを大切にしている。

　この考えのもと小野小学校では、2017年度にユネスコスクール（ユネスコ憲章に示されたユネスコの理念を実現するため、平和や国際的な連携を実践する学校）に加盟し、アートマイル国際交流壁画共同制作プロジェクト（以下、アートマイル）に参加したことをきっかけとして、総合的な学習の時間の目標や目指す資質・能力、学習内容を持続可能な開発のための教育（以下、ESD）の視点で再構成を行った。ESDは「持続可能な社会の構築」が最終目的だが、目的の達成に向けてのアプローチは様々であってよいというのがESDの考え方である。そのため、これまで学校

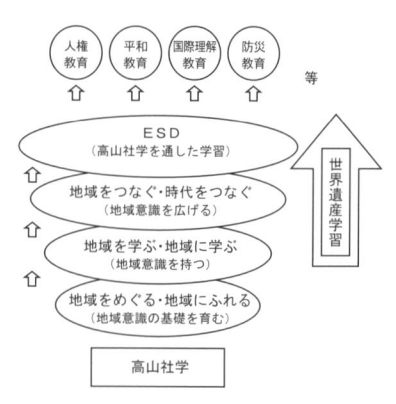

図1　ESDと学習内容との関係

で取り組んできた地域学習や世界遺産学習をさらに進めることで、地域への関心を高め、愛着を生み、持続可能な社会を構築することにつながると考える（図1）。

(2) ESD（持続可能な開発のための教育）について

ESD は、地球規模の課題を自分のこととして捉え、身近なところから取り組むことにより、課題の解決につながる新たな価値観や行動を生み出すこと、そしてそれによって持続可能な社会を創造していくことを目指す学習や活動である。ESD は、ユネスコ（UNESCO：国際連合教育科学文化機関）が中心となり、ユネスコスクールを推進拠点として位置付け、世界中で取り組まれている。

(3) アートマイル（アートマイル国際交流壁画共同制作プロジェクト）について

海外校と長期間継続して共通の学習テーマについてICT 機器を活用し、スカイプ等のインターネットを介して協働的に学び合い、学習の成果として1枚の壁画（縦1.5m、横3.6mの大型壁画）を共同制作する「国際協働学習」の学習プログラムである（図2）。このプロジェクトでは、世界の同世代と協働することによ

図2　共同制作した壁画

り、学校で育てたい資質・能力及び態度を、世界を意識した広い視点で育てることができ、グローバルな21世紀の国際社会で、世界に開く広い視野を持ち、世界の人々と協働して持続発展可能な社会を築いていく力である「21世紀を生き抜く力」に高めることができる。

(4) 小野小学校の総合的な学習の時間とアートマイルとのつながり

今までの地域学習を海外校との国際協働学習に拡げることにより、探究的な学習をさらに深めることができる。地域での探究的な学習は、世界に伝えたい相手がいることで新たな視点で自分たちのことを見直し、世界を意識した広い視野で課題を捉え直すことができる。また、海外校とお互いに地域や国の文化を伝え合うことで、児童は自分の地域や日本に誇りを持つようになり、世界の同世代と1枚の壁画を共同制作することで、文化的な背景も価値観も異なる世界の人々と協働して何かをすることができるという「自信」を生む。このように、総合的な学習の時間でアートマイルに取り組むことで、児童は世界を身近に感じ、世界に開く広い視野で「自分の生き方」を考えるようになる。

2 主な内容

(1) 藤岡市立「小野」連携型小中一貫校教育

藤岡市立小野小学校は、地域の小・中学校が1校ずつという特徴を生かした「連携型小中一貫校」として、「夢に向かってかがやく子の育成」を小中一貫校としての教育目標と

して掲げ、9年間のつながりのある教育活動を展開している。「高山社学」を通じた地域理解と郷土愛の育成、伝統と文化の継承についても、総合的な学習の時間や各教科で関連付けながら9年間で学ぶ。

(2) 高山社学について

郷土を誇りに思い、郷土を愛する児童生徒を育成するために、世界文化遺産である高山社跡を学習素材として活用し、各教科等の学習内容と関連させ、高山社にかかわる学習だけでなく、市内各地の郷土の歴史や人物、文化等について学ぶ学習である。

(3) 小野地区の特色

本校校区は、明治初期に蚕種生産量が県内5位になるなど養蚕の盛んな地域であった。現在も天窓を持つ養蚕農家が多く残り、祖父母宅が養蚕農家であったと話す児童も多い。高山社のあった当時は校区内に分教場もあり、特に縫島家は立派な養蚕建築を今に残している。また、高津仲次郎ら優れた指導者も活躍し、校区内には碑が残っている。

一方で、本校校区は「小野地区水田遺跡」に代表されるように、古代から市内有数の水田地帯でもある。古代から中村ぜきが地域を通り、1800年代の泉通寺孝順和尚が中村ぜきの暗きょの改修を手掛けてからというもの、さらに水田の面積は広がった。土地が平らで、川が近くに流れるという土地の特色を有効活用していることがうかがえる。

そのため本校では、総合的な学習の時間を中心に、地域学習や世界遺産学習などの実践を行っている。この実践では高山社、養蚕とのつながりだけでなく、地域の特色に目を向け、その歴史や文化的価値を学ぶことで、地域の特色やよさに気付き、地域を愛し、地域の発展のために尽くそうとする児童の育成を目指している。

3 活動の実際

(1) 地域の特色に目を向けた地域学習と高山社学を中心とした世界遺産学習の内容

①低学年「地域をめぐる　地域にふれる」

> 小野地域の1年間を通した生き物や草木の移り変わり、周辺施設をめぐっての小野地域の良さに気付く。

②中学年「地域をまなぶ　地域にまなぶ」

> 自分たちの郷土は広大な土地や水のある豊かな地であること、そこには平らな土地を活用した水田開発や養蚕等の産業が盛んであったこと、郷土やこの地に住む人々のために知恵を出し合い、苦労や努力を重ねた人々がいたことなどを学び、自分たちにできることを考えていく。

③高学年「地域をつなぐ　時代をつなぐ」

> 今までの学習を生かして、小野地区、藤岡市、群馬県の特色を他の地域と比べ、客観的に見たり、地域のよさを「群馬のたからもの」として捉え、自分たちに何ができるかを考えさ

> せ、取り組ませたりする。これらの活動を通して、地域のよさを再認識し、郷土を誇りに思い大切にする心情を育てていく。

(2) 6年生での実践

①単元名 「伝えよう　群馬のたからもの」（第6学年・1〜3学期）

②本単元について

　児童は、これまでの総合的な学習の時間や社会科の学習を通して、藤岡市や群馬県についての地域学習を行ってきている。6年生社会科においても、藤岡市の高山社と関連のある世界遺産である「富岡製糸場と絹産業遺産群」について現地調査を行い、自分たちの暮らしている地域について理解を深めてきた。

　そこで本単元では、本校がユネスコスクールに加盟したことを鑑み、「アートマイル」に参加し、今まで学んできた地域学習の成果を「群馬のたからもの」として、海外の児童に伝える活動を行う。このプロジェクトでは、海外の相手校（今回は、台湾の嘉儀県（かぎ）の小学校）とのテレビ会議システムを利用した「ライブ交流」やネット上の掲示板である「フォーラム」を通して、互いの地域について紹介し合うなどの国際協働学習を行い、相手の暮らしている地域への理解や自分たちが暮らす群馬に対する理解を深めていく。また、相手が暮らしている地域についても同じように調べ学習を行い、自分の暮らす地域と比較することで、地元群馬への愛着や誇りを一層深め、自己の生き方を見つめ直すことができる。

③実施教科・時間数について

アートマイルに関連した実施教科時間数	教　　科	単　元　名	時間数
	総合的な学習の時間	伝えよう　群馬のたからもの	35
	国語	町のよさを伝えるパンフレットを作ろう	12
	英語	自己紹介、地域紹介をしよう	2
	図画工作	伝えよう　すてきなふるさと	16
	社会	世界の未来と日本の役割	1

④主な活動の流れ

場面	時期	活　動　内　容	児童の反応	教科等
事前学習	4〜8月	・今までの地域学習を生かし、今後の学習について見通しをもつ。 ・群馬の特色やよさについて調べる。 ・群馬のよさを伝えるためのパンフレットを作成する。 ・英語で地域紹介ができるように、カードを作成する。（表	・群馬の魅力を伝えるための方法について意欲的に考えていた。 ・海外の子供たちに群馬の特色やよさを伝えることに、「本当にできるのかと」いう不安な気持ちもあるようだったが、「やってみたい」という声が多かった。	総合 国語

		面は写真やイラスト、裏面は3行ほどの日本語と英語の説明) ・嘉義の特徴やよさについて調べ、ノートにまとめる。（夏休み中の宿題）	・今までの学習を生かすことや、さらに調べることで、群馬の特色やよさについて再認識することができた。 ・群馬の魅力を英語で表現できることに喜びを感じていた。 ・海外の相手校が決定し、パートナーの暮らす地域について興味を持って調べることができた。	英語 社会
出会い	9月	・スカイプによる1回目の交流。 ・1対1で自己紹介を行う。 ・嘉義の特徴やよさについて調べ、カードにまとめる。	・パートナーとの1対1でやりとりがあったため、緊張している様子だった。自己紹介を終え、海外の子供たちを身近な存在に感じていた。 ・相手校の学校紹介を聞いて、台湾の学校に興味をもった。	英語 総合
共有	10月	・スカイプによる2回目の交流。 ・お互いの地域を紹介する。 ・群馬と嘉義の特色やよさを比べて、分かったことや気付いたことを共有する。 ・絵を描く会で、群馬の特色やよさを絵画として表現する。	・2回目の交流ということもあり、落ち着いていた。 ・群馬の魅力について、グループごとに一人ずつ写真やイラストを見せながら、紹介を行った。 ・群馬と嘉義について比べることで、共通点や相違点、歴史的なつながりについて気付くことができた。	総合 社会 図工
融合	11月	・テーマ学習を終えて、共有したことを基に世界に訴えるメッセージを作成する。 ・メッセージを基に壁画のデザインを考え制作する。	・グループごとに意見を出し合い、まとめることで、この協働学習の意義や価値に気付くことができた。 ・お互いの「地域のたからもの」を大切にしていきたいという思いをもつことができた。	総合 図工
創造	12月	・一人一人が彩色しながら壁画を制作する。 ・今までの英語学習の成果を生かし、パートナーに手紙を書く。	・絵を描く会で制作した絵画の要素が多数入っているため、興味をもって取り組むことができた。 ・全員が彩色することで、一人一人の思いを込めることができた。	図工 英語
評価	1～3月	・完成した壁画を鑑賞する。 ・1年間の学習をふり返る。 ・社会科の単元「世界の未来と日本の役割」と関連させ、学習を行う。	・壁画に描かれている内容や全体の構図、彩色方法の相違点や類似点に気付くことができた。特に、文化や伝統の違いを実感した。	図工 社会 総合

4 成果と課題

(1) 成果

　下記の児童の感想などから、各教科で関わりを持たせながら ESD の視点で活動を行うことで、持続可能な社会の形成者としてふさわしい資質や価値観を養い、地域を愛し地域の発展のために力を尽くそうとする児童の育成を図ることができた。

> ・お互いの地域を紹介し合い、比べることで、自分たちの暮らしている地域の特色やよさを再認識することができた。
> ・群馬のことだけではなく、嘉義にも守るべき大切なものがあることを知ることができた。また、力を合わせて世界のたからものを未来に伝えていかなければならないという思いをもった。
> ・国や地域には、それぞれの特色やよさがあり、大切にしていかなければならないという思いをもった。今後は、違う国の子どもたちとも交流して、いろいろなことを学びたい。
> ・学習全体を通して、自分と友達の意見を比べて考えることや計画を立てて課題解決をしていくことのよさに気付くことができた。また、クラスやグループで対話をしながら意見をまとめ、相手に伝えることで、お互いの地域のよさを見つけることができた。

(2) 課題

　ESD に関連する学習素材は、発展的な学習が可能となる。本校には「ミリアム・ヘールちゃん（青い目の人形）」が職員玄関のガラスケースの中に保存されている。養蚕の発展にも貢献した渋沢栄一が日米の人形交換を行った交流の仲介者であったことが分かっている。この素材を基に発展的に学習することで、さらに社会や世界との接点を持ち、多様な人々とつながりを意識しながら学ぶことができる。

5 実践するときの留意点

①地域や子どもたちの実態、学校の教育目標を基に、総合的な学習の時間の目標を設定し、身に付けさせたい資質・能力を明らかにすること
② ESD の視点を取り入れ、学習内容を再構成し、各教科間の関連を明確にすること

〈参考文献〉
・『高山社学ティーチャーズガイド 1 』藤岡市教育研究所・高山社学研究班、2014年
・『高山社学ティーチャーズガイド 2 』藤岡市教育研究所・高山社学研究班、2015年
・山﨑保寿編『「社会に開かれた教育課程」を実現する教育環境』静岡学術出版、2018年
・山﨑保寿『「社会に開かれた教育課程」のカリキュラム・マネジメント』学事出版、2018年

人とかかわり、自分を見つめる

人格（品格）教育

12 一人一人を大切にした「ひびき合う学校づくり」をめざして

兵庫・相生市立双葉小学校　校長　能本英樹

1 「ひびき合う学校づくり」をめざした背景・理由

相生市立双葉小学校では、2007（平成19）年度より、「私もあなたも同じだけ大切と考え行動できる子の育成」という主題で研究を展開してきた。児童にとくに身につけさせたいスタンダードとして「寛容」「誠実」の２つに重点を置き、互いを大切にし合う学校文化をつくり上げてきた。

児童が自ら気づき、振り返り、行動できるように支援していくことが大切であり、ものさしの面だけを強調するのではなく、感性の面も育てながら、じんわり染み込ませていくことにより、自分や人とのかかわりにおいて、大切にすべきことが身についていくものだと思う。

本校の児童実態として、学校生活アンケートでは、自分によいところがないと答えた児童が多かったことから、自尊感情・自己有用感を高めていく手だてが必要であると考えた。また、自分の思いや考えを伝えることはとても重要であるが、授業中、人の話をしっかり聞くことができていなかったり、自分の考えを進んで話すことができていなかったりする児童もおり、「聞く・話す力」を育成することも課題であると考えた。

平成28（2016）年度より、上記の２点を高めていくことを中心にねらい「ひびき合う学校づくり」をめざした。そして、より具体的で分かりやすく、職員が一丸となって取り組めることも加味し、以下のように研究主題を設定した。

2 研究主題

> 認め合い，支え合い，ひびき合える児童の育成
> 〜 一人一人を大切にした学校づくりをとおして 〜

(1) 「認め合い、支え合い、ひびき合える児童」とは

私たちは、周りの人と豊かにかかわり合う中で、自分をかたちづくり、「生きる力」を育む児童を育てたいと考えた。それ

双葉小のシンボルマーク

は、一人一人が周りの人と温かくかかわり合うことであり、周りの人の良さを共感的に受け止め、今後の自分づくりに生かしたり、自分のよさも周りの人に惜しみなく提供したりすることであると考える。一人一人の違いを認め合い、それぞれの課題を支え合って乗りこえていくことができ、温かくかかわり合える児童を、ひびき合える児童とした。

そして、『あいらぶ　ふたば』を合言葉に、「自分大好き、学校大好き、友だち大好き、先生大好き、家族大好き、地域大好き、みんな大好き」な児童の育成をめざした。そのために、子ども一人一人を大切にする「子どもファースト」を第1に掲げ、友だち同士や子どもたちの成長を願う教師や保護者、地域が一つとなり、自分や互いを大切にしていけるように働きかけを続けた。

(2) 研究推進の概要

まず、授業については、「○○さんのおかげで〜が分かったよ。」など、仲間と学び合うことで、相手を意識し、援助されたり援助したりお互いが支え合っていることを意識して問題を解決していくような「ひびき合いのある授業」をめざした。そのため、対話を重視し、「話す力」「聞く力」「支え合う力」をつけることに力を注ぎ指導した。

次に、「ひびき合いのある学習集団づくり」をしていく中で、児童一人一人が「わたしはこう思う。」という生き生きとした発言ができるようにすることが必要である。その根幹となるのが、安心して本音を出せる学級づくりとさまざまな体験活動であると考えた。縦割り班活動を活発にし、学級会活動、朝の会・終わりの会を認め合い、支え合う活動の場ととらえた。

さらに、一人一人を大切にした学校づくりを考えるとき、クラスにいる特別に配慮を要する児童にも安心して学べる環境づくりが重要である。そのため、どの学年でも共通の環境や指導方法を確立し、学年が上がっても何も心配することがないユニバーサルデザインを考えたものに変えていった。

3 実践の概要

(1) 生活実践部

① 人間関係づくりの場の設定

ア　縦割り遊びの実施・計画

異学年による縦割り班で25分休みを利用してそれぞれが考えた遊びを実施した。学年ごとに目標をもたせ、その目標を達成していく中で異学年が交流し、よりよい人間関係づくりができるように行った。また、それぞれの良いところに目を向け、お互いが認め合えるように「いいこと見つけ」を行事ごとに行い、カードに記入し、交換するようにした。

イ　縦割り給食の実施

　縦割り班で月に1回程度、給食を食べる機会を設定した。高学年は配膳を担当し、主体的に活動している様子が多く見られた。また、回を重ねるごとに、食事をしながら自然に会話が弾むようになり、より良いコミュニケーションの場となった。

縦割り給食の前後に、縦割り班で集まって、次回の縦割り遊びの計画を話し合っている。

ウ　縦割り遠足の実施

　縦割り班で5月に縦割り遠足を実施した。縦割り班が発足して間もないころに行うことで、お互いのことを知り、共通の課題にチャレンジすることで一体感が深まっていった。また、それぞれの学年に応じてめあてを明確にすることで、児童はそのめあてを達成するために各自が考えながら活動できていた。

エ　朝の会・終わりの会の活性化と学級活動の充実

　朝の会・終わりの会での「ほめほめタイム」の設定

　友だちに対するやさしい声かけや、進んでみんなのためになる行動をしている児童に気づき、クラス全体にそのような行動を広めるために全校で「ほめほめタイム」を取り入れ

ていった。友だちのよさを見つける中で自分の行動をふり返り、次の行動に生かそうとしている姿が見られるようになってきた。

オ　家庭や地域とのひびき合いのある活動
「お手伝いウィークエンド」の設定
　家庭とのひびき合いを広めていくために「お手伝いウィークエンド」に取り組んだ。自分が週末にするお手伝いを決め、月に1回取り組むことで自分が家族のために役立っていると認めてもらう機会となった。また、保護者にコメントを書いてもらうことで児童の意欲を高めることにもつながった。

お手伝いウイークエンド ／年／組（

	お手伝い(したこと)	感想	家の人から	
5月	くつそろえ	げんかんがきれいになってうれしかったです	くつそろえしてくれてありがとう。きれいなげんかんをみるときもちがよく、うれしかったです	すごいね
6月	せんたくたたみ	ていねいにたたんでうれしかったです	タオルをていねいにたたんでくれてありがとう。いっしょにできてうれしかったです。	ピカイチ

カ　「あすこそ運動」の取組を通して、充実した学校生活につなげる
「あすこそ運動」の継続した取組
　本校では以前から「⑥いさつをしっかりしよう、⑨リッパをきちんと並べよう、ⓒしぼねを伸ばして正しい姿勢をとろう、ⓢうじをがんばろう」の合言葉をもとに、日々取り組んでいる。本年度は、児童会で「あすこそ委員会」を立ち上げ、さらに児童への意識づけを図った。

双小　あすこそ運動

⑥いさつをしよう
⑨リッパをならべよう
ⓒしぼねをのばして座ろう
ⓢうじをがんばろう

(2) 心の支援教育部

① 誰もが安心して学校生活を送ることのできる環境づくり

ア 「双小ユニバーサルデザイン」の作成・実施

　すべての児童が、安心して学校生活を送ることができるように「双小ユニバーサルデザイン」について検討し、実施していった。持ち物や物の置き方などを学校として統一できるところは統一していった。必要に応じ、学年・学級で共通理解をするなどして、児童の実態に応じて無理のないユニバーサルデザインについて考えていった。

項目	学校	学年	学級
黒板	色覚異常の児童がいるかもしれないことを配慮し、赤チョークで字を書かない。		活動に応じて有効に活用する。
水筒	ひもがからまないように巻いておく。	置く場所を決めておく。	

水筒置き場

見通しを持つための掲示

イ 見通しを持つことを意識した掲示物の作成

　授業中、学習形態や学習方法を児童の目に見える形で掲示することで、見通しを持って安心して学習に取り組めるようにした。他には、声のものさしやキラキラタイムの週予定、またその日の時間割などを目に見える形で掲示するようにした。

② お互いを大切にする心の育成

○「ふわふわ言葉」の掲示

　「ありがとう」「いっしょに遊ぼう」など、学校に溢れて

「ふわふわ言葉」を目立たせる

ほしい「ふわふわ言葉」を児童の目につくところに掲示し、知らず知らずのうちに、自然に使えるように取り組んだ。

③　児童の理解を進める研修

　外部講師を迎えての研修を行い、特性のある児童（聴覚や視覚、発達障害など）に対してどのような合理的配慮ができるかを考え、日々の実践へとつなげていった。

4 成果と課題

(1) 成果

　1つ目には、縦割り活動の充実に努め、縦割り遊び・縦割り給食などを行った。その中で、頑張っていたことや相手の良さを書いたカードを交換し、「いいこと見つけ」の見える化を図った。自尊感情・自己有用感の好転をねらった活動が全校で行え、よかったと考える。

　2つ目には、支援を必要としている児童を学校全体で支えていくことを考え、ユニバーサルデザインを意識した環境や授業を考えた。学年が上がっても変化が少ない生活の仕方になるよう配慮することができた。

(2) 課題

　各学級には、コミュニケーションがうまくとれない児童や生活に課題がある児童、学習面で困難さを感じている児童もいる。そのような気になる児童を中心にすえた学級経営や授業づくりをめざしてきた。一人一人を大切にした「子どもファースト」の学校づくりである。自分を大切にできると同時に、相手も大切にできる児童を育成していかなければならない。授業や生活の中で、相手の立場や思い、その願いを理解し、自分なら何ができるのか考えさせることでより一層近づけていきたい。

　また、中学校区（6校園）でまとめた『双葉中学校区の子どもたちの約束「幼小中一貫生活・学習の14のルール」』の活用や、『双葉中学校区のめざす子ども像』の実現に努めていきたい。

　私たちがねらった自尊感情・自己有用感や対話力を高めることはなかなか難しいことである。しかし、教師こそ、それらを浸透させる一番の環境であることを自覚し、人格（品格）教育の推進を継続している。

キャリア教育

13 中山間地域における職業観を広げるキャリア教育

静岡・静岡市立水見色小学校　教諭　海野裕乃

1 中山間地域の小学校におけるキャリア教育の課題

(1)「多様な大人と出会う」ことが求められるキャリア教育

　近年、学校教育においては、子どもたちの "自分らしい生き方を実現する力" を育てるために、小学校からのキャリア教育を推進する動きが高まっている。小学校におけるキャリア教育として、平成23（2011）年の中教審答申「今後の学校におけるキャリア教育・職業教育の在り方について」では、「仕事をすることの意義と幅広い視点から職業の範囲を考えさせる指導」を重要な視点として挙げている。

　例えば、子どもたちは、「サッカー選手になりたい」という夢をもつと、「サッカー選手」という仕事しか考えることができない。しかし、少し広い視点で「サッカーに携わる仕事」を考えれば、チームの運営スタッフやトレーナー、スタジアムの管理など様々な仕事が社会に存在していることに気づくことができる。小学校におけるキャリア教育では、子どもたちに多様な職業観をもたせながら、仕事をすることの意義について考えさせることが重要であると言えるだろう。

　さらに、同答申では「学校外の教育資源である地域・社会と協力していかなければ、効果的な指導を行うことは困難である」と指摘している。つまり、学校は、外部機関と連携しながら、児童が様々な地域や社会の大人と実際にふれあえるようなキャリア教育を行っていくことで、より仕事をすることの意義を見出しやすくなると考える。

　このように、児童が "自分らしく生きていく" ためには、多様な大人と出会い、多様な職業観を身につけられるようなキャリア教育を実現していくことが重要であり、学校教育にとっては喫緊の課題なのである。

(2) 高学年児童2名の小学校におけるキャリア教育の課題

　静岡市立水見色小学校は、静岡市の西北部、市の中心を流れる安倍川・藁科川の上流の中山間地域に位置している。水見色は、周囲を山々に囲まれ、茶畑も多く分布しており、静岡を代表する名産「本山茶」の産地でもある。緑豊かで自然にあふれたこの地域は、児童の豊かな感受性を育むことができる。

本校は、創立125年目と長い歴史があるが、現在の全校児童は、１・２・３年生に各２名、５・６年生に各１名の、計８名である（平成29年度）。10年ほど前までは、全校児童は30名を超えていたが、近年は新入生も毎年１〜２名程度に留まっており、児童数が減少している。

　こうした水見色小学校では、小規模校ならではの手厚い指導が受けられる一方で、都市部の学校と比較して、多様な大人にふれあう機会が少なく、児童の職業観が広がりにくいことが課題となっている。

　地域の中だけで職業観が広がりにくいのであれば、様々な企業で働く社会人にゲストとして学校へ来て、授業をしていただければいいのではないか、ということも考えられる。しかし、水見色地域は、市街地から距離があり、公共交通機関の路線からも離れていて、アクセスに相当の時間がかかってしまう。また、キャリア教育を中心的に実施する高学年の児童は２名しかおらず、企業側の負担や社会貢献活動としての費用対効果を考えると、このような出張授業は学校側からも依頼しづらく、実現は難しい。

　このように、水見色小学校におけるキャリア教育では、①児童の職業観の広がりづらさ、②キャリア教育に協力する企業側の負担の大きさ、という２つの課題を抱えている。

2　本実践の経過と成果

(1) LINE 電話によるテレビ会議システムの試み

　こうした課題を解決すべく、本実践ではタブレット（iPad）や大型テレビ、インターネット回線などの ICT（情報通信技術）を活用した「テレビ会議システム」を導入した。

　従来、テレビ会議システムというと、高価なカメラや安定した高速通信、専用のソフトウェアなどが必要であり、気軽に利用するためにはハードルが高かった。

　そこで、今回のテレビ会議システムでは、タブレットで利用できるアプリケーション「LINE」のテレビ電話機能を使用した。「LINE」は、世界で４億人以上のユーザー数をもち、日本でも７千万人以上が使用しているコミュニケーションアプリである。この普段使い慣れている LINE の画面を、iPad を通じて大型テレビに映し出すことで、専用のカメラやソフトをインストールする必要がなくなり、遠く離れた場所同士でも、気軽にテレビ電話でのコミュニケーションが可能となる。

　こうした LINE 電話によるテレビ会議システムを用いることで、企業側もわざわざ学校に出張する必要がなくなり、本来の業務に支障が出にくい。また、学校側も、企業側に過度な負担をかけないので、授業協力の依頼をしやすい。したがって、本テレビ会議システムは、学校側と企業側の両者に利点のある ICT 活用法であると言える。

　本実践では、このテレビ会議システムを導入し、水見色小学校の５・６年生２名（女子）を対象に、全２回のキャリア教育の授業を実施した。

(2)「デザイナー」を「2人だけの教室」へ

　事前の調査で、児童Kは、将来やってみたい仕事として「デザイナー」を挙げている。しかし、児童Kの「デザイナー」に関する職業観は、主に「ファッションデザイナー」であり、社会にある様々な「デザインに関する仕事」についての理解は乏しい。

　そこで、職業観の広がりを目指し、様々な「デザインに関する仕事」をとりあげるべく、企業に授業協力を依頼した。なお、企業への要請については、「社会とつながる授業」を研究している静岡大学教育学部塩田真吾研究室及び一般社団法人「プロフェッショナルをすべての学校に」の協力を得た。

　1回目の授業は、「デザインに関する仕事」として、「インテリア（空間）をデザインする仕事」をとりあげ、教室やオフィスなどの空間をデザインする東京の企業と連携し「学習環境をデザインしてみよう」という授業を行った。

図1　授業の様子

図2　インテリアデザイナーの資料（一部）

　2回目の授業では、「デザインに関する仕事」として、「イラストのデザインをする仕事」をとりあげ、コミュニケーションアプリを運営する企業と連携し、「水見色 LINE スタンプをデザインしてみよう」という授業を行った。2回目の授業の指導案を表1に示す。

表1　「水見色 LINE スタンプをデザインしてみよう」

時間	学習活動
10分	1．LINE のスタンプって，何だろう？ ・クイズを交えながら，「LINE のスタンプはどんな時に使うか」を考える
15分	2．ゲストに聞いてみよう ・デザイナーとテレビ電話をつなぐ ・デザイナーが普段の仕事を紹介
15分	3．スタンプの工夫を考えてみよう ・どんなスタンプだったら，たくさんの人に毎日使ってもらえるかな？ ・水見色のどんなところをスタンプに入れたらよいかな？
5分	4．まとめ ・感想を用紙に記入する

実際の授業では、まず、デザイナーとテレビ電話をつなぎ、大型テレビの画面に、オフィスから見える東京の街並みが映し出された。すると、2人は「わあ、すごい！」と驚きながら、画面をじっと見つめていた。

　その後、LINE スタンプの制作に携わっているデザイナーとテレビ電話をつなぎ、デザイナーが会社や普段の仕事の紹介をした。その後、スタンプのデザインの工夫を説明した。

> 　LINE スタンプには、様々な種類のスタンプがあります。
> 　スタンプをデザインする場合には、日常会話で使いやすいことが重要です。イラストがわかりやすくてシンプルなものにしてみましょう。

　2人はこうしたアドバイスを踏まえた上で、「たくさんの人に使ってもらえる水見色 LINE スタンプ」を考えた。

> 「おはようとか、おやすみとか、普段使うあいさつを入れたらいいんじゃないかな」
> 「おなかすいたーとか、ちょっとした一言もいいかもね」
> 「水見色は、シカとかサルとかイノシシがよく出るから、入れてみたいね」
> 「山とか川とか、自然の風景も入れてみたい」

　その後、6年児童は修学旅行のときに、デザイナーが働いている東京のオフィスを訪問し、デザインしたスタンプに対して助言をもらった。2人は、その助言を参考に再度デザインを考え、授業から約3ヵ月後、水見色 LINE スタンプの配信が開始された。実際の授業の様子と配信されたスタンプを図3に示す。

図3　授業の様子

自分たちが考えたアイデアに対して、「プロフェッショナル」からコメントをもらうことができる。普段はなかなか出会えない人から「認めてもらう」という経験が、児童の職業観を育み、自分らしい生き方を実現する力につながっていくことを実感できた授業であった。

3 児童の変容

　児童の感想を見ると、次のような記述が見られた。

> みんなで考えるところや1人で集中するところなど、考えてデザインしたことはないから、今日やってみてすごく楽しかった。勉強や仕事の場所のデザインは1つじゃないんだ！！と思った。

> いろいろとアイデアを考える場所のかべの色を赤にしていたのがすごかった。画面でしゃべっているのに、すぐそこにいる人と話しているみたいだった。つくえを自分で作るのが楽しそうだったからやってみたいと思った。つくえに穴をあけてその中に入って本をよむのがすごいと思った。

　児童には、自分も空間をデザインしたいという意欲が芽生え、目的ごとのデザインがあるという学びを得られたことがうかがえる。

> 多くの人に使われるように、いろんな工夫をしてスタンプが作られていることがわかった。スタンプ作りが楽しみだ。

> デザインを考えることは大変そうだけど、わたしの想像していた仕事よりも、とっても楽しそうだった。

　当初、児童にとって、「デザイナー」といえば「ファッションデザイナー」であった。しかし、2つの授業を通して、社会にある多様な「デザイナー」の仕事を知り、職業観の幅を広げることができた。また、「仕事は大変」というイメージが強かった児童であったが、「プロフェッショナル」たちが、誇りをもって自身の仕事を語る姿を目にすることで、働くことに意義を見出し、興味のある仕事について調べてみたいという意欲にもつながっている。さらに、水見色 LINE スタンプの宣伝活動や水見色の魅力を記載したポスター制

作など、主体的に地域の魅力を発信する姿が見られるようになり、今回のキャリア教育を通して、自分の住む地域に貢献したいという社会参画の気持ちが醸成された。

このように、様々な大人とふれあい、働く姿を目にすることは、児童の職業観を育み、自分らしい生き方を実現する力につながっていくであろう。

4 中山間地域においてキャリア教育を実施するために

今後、「社会に開かれた教育課程」を実現するために、キャリア教育は中心的な役割を担うことが期待される。しかし、中山間地域におけるキャリア教育を実施するためには、本校のように、①児童の職業観の広がりづらさ、②キャリア教育に協力する企業側の負担の大きさ、という2つの課題に直面することは多いであろう。

今回の授業で導入したLINE電話によるテレビ会議システムは、携帯電話が通じる地域であれば、全国のどの学校でも実施できるものとなっているため、汎用性は比較的高いといえる。山地の多い日本では、中山間地域が国土面積の約7割を占めており、これまで地域的特性を理由に、様々な大人とのふれあいができなかった中山間地域の小規模校でも、手軽に、プロフェッショナルとの交流を行うことができる。また企業にとっても、社会貢献活動として広がってきている「学校への出張授業」を、こうしたテレビ会議システムを用いることで、より広範囲に、より低負担で実施することができる。

一方で、企業に授業協力を求めるためには、教員だけの力では難しいという面もある。今回のように、企業と学校を仲介するような大学の研究室や非営利団体等に協力を求めるということが現実的な解決策となるであろう。

今後は、静岡大学教育学部塩田真吾研究室や一般社団法人「プロフェッショナルをすべての学校に」の協力を得ながら、企業のリスト化や授業方法の検討などを行い、中山間地域の児童が、様々な大人とふれあい、職業観を広げられるような授業を目指していきたい。そしてその上で、子どもたちに、あらためて地域で働くことのよさや意義について考えてほしいと願っている。

14 特別支援教育における 社会に開かれた教育課程の実践

北海道八雲養護学校　教頭　宮岸尚平

1 北海道八雲養護学校の概要

本校は、渡島半島の北部に位置し、日本で唯一、日本海と太平洋に面している町である八雲町にあり、国立病院機構八雲病院に併設された、神経筋疾患や重度心身障がいの児童生徒を対象とした小学部から高等部までの病弱特別支援学校である。

昭和32（1957）年に八雲小・中学校「ひまわり学院」として発足し、平成29年度に、創立60周年を迎えた歴史のある学校であるが、平成32（2020）年8月に併設する八雲病院の札幌市への機能移転に伴い、本校も、約200km離れた札幌市へと機能移転することとなっている。

機能移転後は、札幌市立の特別支援学校と校舎を共有することになり、道立学校と札幌市立学校が同一校舎で学習する全国でも類を見ない学校となる。

校舎全景

平成30（2018）年8月1日現在の在籍者数は、小学部2名、中学部6名、高等部8名　計16名の児童生徒が在籍しており、そのうち12名が筋ジストロフィーなどの神経筋疾患の児童生徒で、近年、神経筋疾患の児童生徒の割合は60〜70％台で推移している。

2 児童生徒の状況

本校の児童生徒は、病気が進行し筋力が低下してから転校もしくは高等部に入学する生徒が多いこともあり、障がいの状態や病状による経験の不足や、前籍校での病状悪化による学習空白が見られる児童生徒も多い。また、感染症予防の観点から校外での学習を行うことが難しいことから、地域資源を活用した学習が難しい状況にある。

体育祭：車いすカーリング

このような児童生徒の実態を踏まえ、地域の方々と連携し、「できることは何か」という視点から、様々な取組を行っている。

3 本校における「社会に開かれた教育課程」の取組

(1) 就労体験学習

本校の児童生徒の実態から、校外でインターシップなどを行うことは難しいことから、地域の企業や施設などの協力を得て、平成24年度から、校内で就労体験学習を年2回実施している。

ア　就労体験学習の目的

本校では、キャリア教育の全体計画に基づき、「職業的発達について各学部段階での目標」を表1のように設定している。

この、「職業的発達について各学部段階での目標」を達成するために、実際の仕事場面が体験できるようにし、また各学部や児童生徒において重点とする目的を決め、具体的な指導目標を設定した上で、以下の3点を目的に就労体験学習を行っている。

①これまでの学習で身に付けた力を様々な働く体験で発揮させ、評価を受けることで自己理解を深めるとともに自己有用感を高め、周囲や社会への貢献等の社会参加の意欲をもたせる。

②様々な仕事があることを知り、自分の知識や技能をさらに深めようとする意欲をもたせるとともに、それらをもとに個々の適性や能力に応じた進路選択ができるようにする。

③様々な仕事への取組や社会の方々とのやりとりを通して、社会参加に向けて必要な礼儀や言葉遣い、ルール等について意識させ、身に付けさせる。

表1　職業的発達について各学部段階での目標

学　部	目　標
小学部	どのような仕事があるのかを知り、憧れをもって日々の学習に取り組み、身近な役割を最後まで果たす。
中学部	様々な職業や高校等について知り、必要な力を身に付けようと努力し、周囲と協力して仕事ができる。
高等部	職業や勤労で必要なことを理解・習得し、希望する進路に向けて主体的に取り組み、様々な課題に周囲と良い点を引き出しあいながら仕事ができる。

イ　就労体験学習に向けた取組

就労体験学習は、全校児童生徒を対象に実施しており、障がいの状態や発達の段階に応じた様々活動を行っている。

就労体験学習では、校内及び地域の企業等から様々な業務の委託を受け、委託元からの

依頼の聞き取りや打ち合わせをし、依頼された物品等の作成を児童生徒の実態に応じた複数のグループに分かれて行っている。

依頼の聞き取りや打合せについては、児童生徒自身が、電子メールや電話で行っており、電子メールのメール文の書き方や電話での応対のマナーを身に付けさせる必要がある。そのため、教師による、電子メールの書き方や電話の応対などの指導のほかに、今年度

ジョブサポーターによる職業講話

は、就労体験学習の前に、中学部と高等部の生徒を対象に、函館公共職業安定所の学卒ジョブサポーターを講師とした職業講話を実施し、挨拶のマナーや来校者に対するマナー、社会人として知っておくべきマナーの基本的な知識を身に付ける機会を設定した。生徒からは、「就労体験学習の前に、挨拶などのマナーについて知ることができてよかった」「職業講話で学んだことを就労体験学習で生かしていきたい」などの声が聞かれ、就労体験学習に向けて、児童生徒の職業意識を高めることができた。

ウ　就労体験学習の実際

毎年、就労体験学習においては、地域の企業や関係機関等と連携して行ってきているが、今年度の第1回の就労体験学習では、町立図書館、水産会社、デザイン工房、菓子店、司法書士・行政書士事務所と連携して実施した。それぞれの体験内容は表2のとおりである。

表2　就労体験学習内容一覧

事業所等	体験内容
町立図書館	町立図書館エントランスホールの季節装飾の制作
水産会社	商品のネームシールのデザイン作成
デザイン工房	学校HPバナー・八雲町のロゴマーク作成
菓子店	商品のプライスカード作成
司法書士・行政書士事務所	司法書士・行政書士の仕事体験

就労体験学習では、事業所の方々が来校し、児童生徒に対して依頼内容の説明や作成に当たっての注意事項などの説明を行い、その後、実際に依頼されたものの作成を行った。就労体験学習を通して、与えられた仕事に責任をもつことや、その成果により、人の役に立ったり喜ばせたりすることができることを実感することができた。また、依頼者との電話や電子メールでのやり取りを通して、将来の生活で必要な力を身に付けることができた。

<就労体験学習における作成物等>

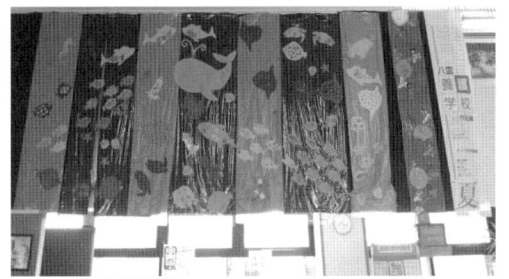
町立図書館エントランスホールの装飾

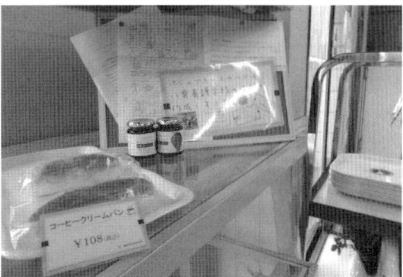
商品のプライスカード

八雲町のロゴマーク

商品のネームシールデザイン

模擬登記簿作成

学校HPのバナー

　上記の作品は今年度の就労体験学習で実際に作成したものである。就労体験学習では、依頼されたものを作成することはもちろんではあるが、作業前後や作業中に依頼者に対して相談する、依頼者の話をしっかりと聞く、自分の考えを依頼者に伝えることができることが大切である。学校HPのバナーの作成においては、生徒が3つの作品を作成し、それぞれの作品の作成の意図や工夫した点を、生徒自らが管理職に説明し、実際に使用するバナーを決定する活動を行った。そのほかの取り組みにおいても、依頼者との話し合いの中で、自分の考えを伝える場面や依頼者の話を聞いて自分なりに考える時間を設定し、これまでの学習で身に付けたことを、社会における様々な場面で活用できる力として身に付けていくことができるように工夫してとり取り組んでいる。

管理職への説明

（2）町立図書館と連携した取組

ア　移動図書館の活用

　本校は、児童生徒の読書活動の推進に積極的に取り組んでおり、平成29（2017）年度に文部科学省の「子供の読書活動優良実践校」を受賞した。しかし、本校の学校図書館の蔵書整備率は十分ではないことから、町立図書館の協力を得て、移動図書館に月に一度来校していただき、児童生徒がより一層、読書に親しむことができるようにしている。

移動図書館の活用

　移動図書館では、児童生徒のリクエストに応じた本をもってきてくれることはもとより、季節や行事に合わせた特集コーナーなども設置するなど、様々な工夫をしてくれるので、児童生徒だけではなく、教職員も来校を楽しみにしている。

　移動図書館では、図書館の方々とのやり取りを通して、日常接する機会の少ない方とのコミュニケーションの方法などを学ぶとともに、図書館の方々に、本校の児童生徒の様子や学習活動について理解をしていただくことができている。また、町立図書館と連携を深めたことにより、校外学習での町立図書館の利用や本校の「図書室だより」の掲示などを行うことができ、町内の方々にも本校の児童生徒の様子をよく知ってもらう機会となっている。

イ　「読書の時間」における読み聞かせボランティアの活用

　読書活動の充実に向け、2か月に一度、移動図書館の来校と合わせて「読書の時間」を設定している。「読書の時間」では、通常の学校に準じた教育課程の児童生徒は、自分のお勧めの本のポップづくりやビブリオバトルなどを実施し、ただ本を読むだけではなく、本を読むことに目的をもつことができるような取り組みを行っている。重度重複学級の児童生徒に対しては、町立図書館の協力により、読み聞かせボランティアサークルの方による、絵本の読み聞かせを行っている。

ボランティアによる絵本の読み聞かせ

　また、今年度は、北海道命名150年にちなんで、町立図書館からアイヌの人たちの民話の本をお借りし、全校児童生徒を対象に、アイヌの人たちの民話の読み聞かせを行い、北海道の歴史について学ぶとともに、ふるさと北海道を愛する心を育てる取組を行った。

4 「社会に開かれた教育課程」の実現に向けて

学習指導要領の改訂に当たり、平成27（2015）年8月に中央教育審議会教育課程企画特別部会から「論点整理」が示され、その中で「社会に開かれた教育課程」について、以下の3点に整理された。

①社会や世界の状況を幅広く視野に入れ、よりよい学校教育を通じてよりよい社会を創るという目標を持ち、教育課程を介してその目標を社会と共有していくこと。

②これからの社会を創り出していく子供たちが、社会や世界に向き合い関わり合い、自らの人生を切り拓ひらいていくために求められる資質・能力とは何かを、教育課程において明確化し育んでいくこと。

③教育課程の実施に当たって、地域の人的・物的資源を活用したり、放課後や土曜日等を活用した社会教育との連携を図ったりし、学校教育を学校内に閉じずに、その指すところを社会と共有・連携しながら実現させること。

論点整理に示されたとおり、これからは、学校だけではなく、教育課程を通して社会とともに児童生徒を育てていくことが求められる。しかし本校は、先にも書いたように、併設する病院に入院している児童生徒が対象の学校のため、地域資源を活用し、地域とともに児童生徒を育てていくということは難しい状況にある。

しかしながら、就労体験学習や移動図書館などの取組を通して、地域の多くの方々に本校の児童生徒のこと、教育内容や学習内容を知っていただき、本校の児童生徒が校外に出ることがなくても、地域の方々に学校に来ていただくことで、社会とともに児童生徒を育てていくことは可能になる。このことが、教育目標である「自らの可能性を生かし、心豊かに生きる人を育てる」を実現することにつながっていく。

今後も、病院に併設する病弱特別支援学校として、児童生徒が社会や世界に向き合い関わり合い、自らの人生を切り拓いていくために求められる資質・能力を育成していくには、教育課程を踏まえどのような取組を行っていく必要があるのかを、これまで以上に検討していく必要がある。

平成32（2020）年度の札幌への機能移転が正式に決定している今、長年お世話になってきた八雲町に対して、残された期間で本校としてできることは何かという視点をもち、地域とともに児童生徒を育てるための取組を考えていく必要がある。一方で、札幌への機能移転後にも、病院併設の病弱特別支援学校における「社会に開かれた教育課程」の実現に向けて、新たな地域人材や社会資源を開拓したり、本校の取組を地域の方々に知ってもらうための活動をしたりするなどして、地域とともによりよい学校教育を通じて、よりよい社会を創るという目標を共有し、児童生徒を育てていくことができる学校を目指していきたい。

主権者教育

15 社会に開かれた教育課程と主権者教育
～「一人前の選挙民」の育成をめざして～

愛知・弥富市立日の出小学校　教諭　植田真夕子

1 実践のねらい

　文部科学省（2015年）は、学校を「社会的意識や積極性を持った子供を育成する場」と位置付け、子供自身に、地域社会の一員として行動できる資質を育成することを求めた。また、「学校教育の学びが学校のみで通用するものではなく、実社会で生かされるものでなければならない」、「子供に予測することが難しい社会を生き抜く力を育成することが課題である」といった社会的な背景から、社会に開かれた教育課程の実現が目指された。

　このことに関して、米田豊（2018年）は、「社会科で育成する資質」とは、「グローバル化に対応できる主権者として必要となる公民的資質」と述べている。これを受け、本稿では、社会に開かれた教育課程の実現を目指し、「主権者教育」を視点として社会科教育のあり方について提案する。田中治彦（2016年）は、主権者教育について「従来の公民教育のような知識中心ではなく、社会参加・政治参加のためのスキルと態度を同時に学ぶことができて、個別具体的な課題にも対応できる学習」としている。このことから、主権者教育は、児童生徒に対して、地域社会を担う未来の主権者として必要な資質・能力の育成をめざし、社会参画ができる基盤づくりができる学習であると考える。

　本稿では主権者教育を次のように定義する。

> 　子供を取り巻く地域社会で発生している、もしくは発生が予想される社会的論争問題を「解決する必然性がある地域課題」として位置付け、子供の発達段階に応じて科学的に考察、判断し、行動する基盤を育成する教育

　この定義をもとに、社会に開かれた教育課程の実現を目指した主権者教育によって、児童一人一人を「一人前の選挙民」に育成することが達成されることとなる。

2 主な内容

(1) 新学習指導要領における小学校社会科の学習内容とその目標

本稿では、小学校社会科教育に焦点を当てて提案する。授業提案を行うにあたり、まず、新学習指導要領における小学校社会科の学習内容を整理すると、次の表1のようになる。

表1　新学習指導要領における小学校社会科の学習内容

学年	第3学年	第4学年	第5学年	第6学年
学習内容の概要	・身近な地域や市町村の様子 ・地域に見られる生産や販売の仕事 ・地域の安全を守る働き ・市の様子と移り変わり	・都道府県の様子 ・人々の健康や生活環境を支える事業 ・自然災害から人々を守る活動 ・県内の伝統や文化、先人の働き ・県内の特色ある地域の様子	・我が国の国土の様子と国民生活 ・我が国の農業と水産業における食料生産 ・我が国の工業生産 ・我が国の産業と情報との関わり ・我が国の国土と自然環境と国民生活との関連	・我が国の政治の働き ・我が国の歴史上の主な事象 ・グローバル化する世界と日本の役割

この表1から、身近な地域の様子を把握する学習を基盤としつつ、市、県、国、世界へと視野を広げていく学習構成であり、従来の枠組みと比べても大きく変わらない。

変更点は、次の4点である。

①学習内容がすべて学年ごとに明示されたこと。

②第4学年で、身近な自然災害を取り扱うとされたこと。

③第5学年で、自然災害を国民生活と関連付けてとらえるとされたこと。

④第6学年で、政治が先行学習とされたこと。

この変更は、学習指導要領改訂に向けた重点項目として提言された「安全教育の充実」を受けたところが大きい。そこで、本稿では、主権者教育を視点として「安全教育」の一分野である「防災教育」の充実を目指した社会科授業を提案する。

(2) 系統的・継続的なカリキュラム

小学校社会科における「安全教育」は一単元で終わるものではなく、発達段階に応じたカリキュラムを構成することがポイントである。次頁の表2は、新学習指導要領の学習内容に基づき、防災に視点を当てた小学校社会科の主権者教育カリキュラム構成である。

表2に示すように、系統的に発展的に防災をキーとした安全教育を展開する。このようなカリキュラム構成により、地域の一員としての自覚を育み、地域が抱える課題が焦点化され、その課題解決をめざした学習を意図することができる。さらに、自助、公助、共助の視点から学習課題を考えることで、主権者として必要な資質の育成ができる。

表 2　防災に視点を当てた主権者教育カリキュラム

学年	単元名	主な学習内容
	主権者育成をめざした学習課題（単元のまとめの時間）	
第3学年	わたしたちの住むまち	○身近な地域の地理的特色と条件 ○身近な地域にある公共施設の位置と働き
	学習課題「どのような公共施設があると、わたしたちの生活はより安全になるのだろう」 （公助の視点）	
	地域の安全をまもる	○住民の安全を守る機関（消防署・警察署）の働き ○地域の安全を守る機関に働く人々の工夫や努力
	学習課題「地域の安全を守るために、わたしたちができることは何だろう」 （自助の視点）	
第4学年	自然災害から守る活動	○自分たちが住む県の自然的環境 ○自分たちが住む県の自然災害の歴史とその原因 ○地域防災の仕組み
	学習課題「今後発生する災害に向けて、必要となるものを考えよう。」 （自助・公助・共助の3視点）	
第5学年	日本の国土と人々のくらし環境を守る	○国土の地理的環境 ○自然災害が発生する仕組み ○国土の開発と保全
	学習課題「南海トラフ地震に備えて、意見書を作成しよう」 （自助・公助・共助の3視点）	
第6学年	わたしたちのくらしと政治	○国民生活における政治の働き ○日本国憲法の基本的な考え
	学習課題「主権者はあなた！　まちをよりよくするための提案を考えよう」 （自助・公助・共助の3視点）	

　全学年にわたる、主権者育成をめざした学習課題を単元のまとめの時間に組み込む。表2の構成で、右の図1に示す新しい主権者に求める条件を満たす学習活動を展開することで、地域社会の一員として必要な資質・能力の育成を図ることができる。つまり、知識習得とともに、児童自身が地域社会の一員であることを自覚化し、科学的な分析ができるようになる。

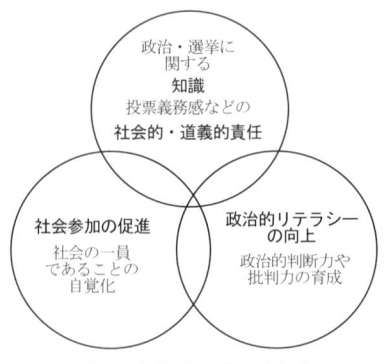

図1　主権者に求める条件
〈総務省（2011年）をもとに作成〉

(3) 第4学年「自然災害から守る活動」の単元計画

　筆者の勤務校がある地域は、かつて伊勢湾台風の被害を受け、南海トラフ地震により、大きな被害が発生すると言われている。つまり、単元の全体計画を作成するにあたり、地域的課題について授業者は整理する必要がある。本稿では、「大地震による津波や高潮」に着目して、地域的課題を把握・克服することで、持

続可能な地域社会をめざす単元の学習構成について、新学習指導要領の変更点である第4学年「自然災害から人々を守る活動」を取り上げて提案する。単元の全体計画は、表3のとおりである。第1次では、学校内にある災害対策設備に着目しながら学習を展開する。第2次では、過去に発生した「伊勢湾台風」を取り上げ、弥富市歴史民俗資料館の見学を学習活動に組み込んだ。この見学で聞き取り調査を行い、被害の規模や関係機関の働きについて具体的な情報を収集させる。小学校社会科においては、観察や見学が児童の学習活動に組み込まれていることが多い。その観察や見学を有効な学習方法とするためには、教師は活動の意図を明確にもち、児童に活動の目的を理解させることが必要である。本単元では、過去の自然災害の実態や、人々がどのように災害を克服したか聞き取り調査を行うことで実態を把握する目的があることを、児童に把握させる。第3次では、今後発生が予想される南海トラフ地震に対して、必要な備えや弥富市の課題について予想させる。表3では、具体的な自然災害（伊勢湾台風・南海トラフ地震）を挙げて単元の全体計画を設定している。各地域で発生した自然災害に置き換えていただけると地域ごとの指導計画を作成することができる。第4次では、第1次で設定した学習課題について、学習をとおして分かったことをもとにまとめさせる。

表3　第4学年「自然災害から人々を守る活動」の全体計画

次数	学習課題	主な学習活動	習得される主な知識
第1次 身近な災害対策設備に着目して考える。	○これらの設備が学校のどこにあるのか調べよう。 ○なぜ、学校にはこのようなものがあるのだろう。	①災害対策のため、小学校の中に設置されている設備について調べる。 ②単元を貫く問いをもつ。	小学校は2次開設避難所や津波、高潮緊急避難所に指定されており、地域の人々が避難してくるため、避難生活に必要となる設備が学校にある。
第2次 自然災害がもたらした被害や克服をめざした取り組みについて調べる。	○なぜ、高避難所の訓練が必要なのだろう。 ○弥富市で起きた自然災害について調べよう。 ○どのようにして、災害を乗り越えたのか調べよう。	③弥富市の地形に着目して、どのような自然災害が発生しやすいか考える。 ④弥富市歴史民俗資料館に出かけて、伊勢湾台風の被害について調べる。 ⑤伊勢湾台風の被害についてグループごとにテーマを決めてまとめて発表する。	弥富市は、海抜0mよりも低い土地が広がっているため、海からの影響を受けやすい地域である。 　1959年9月26日〜27日にかけ台風が上陸したため、暴風雨や高潮の影響を受けた。そして、弥富市では、大規模な浸水が起こり、死者行方不明者が多く出た。 　また、浸水期間は最長で120日以上続いた地域もあり、水災害に対して弱い地形である。 　この伊勢湾台風の被害を受けて、米の収穫次期が他の地域よりも早くなった。
第3次 今後、発生が想定されている自然災害の被害を把握する。	○発生が予測される南海トラフ地震に備えて、弥富市の課題について考えよう。	⑥南海トラフ地震について調べる。 ⑦南海トラフ地震が発生した際、どのようなことが課題となるか予想する。	津波や高潮の影響を受けるため、高所避難が必要となる。しかし、住民全員が安全に高所に避難できる状況ではない。 　浸水被害で1階にある設備は利用できない。マンホールトイレやベンチかまどに代わるものが必要となる。

第2部　115

第4次	○今後発生する災害に向	⑧小学校が地域の避難所	大きな自然災害が発生した場合、
持続可能な地域社会をめざして、学校の災害対策設備について考える。	けて、必要となるものを考えよう。	として機能するために必要な設備について考える。	家が倒壊したり浸水被害を受けて、自宅で生活することが困難であるため、学校が2次開設避難所として利用される。そこで、高所で利用できるものを充実させることが必要となる。

3 学習活動の実際

　第1次の授業展開について紹介する。1時間目に校内の災害対策設備に関する5枚の写真（①かまどベンチ、②マンホールトイレ、③災害時給水栓、④小型発電機、⑤避難所出入り口、⑥防災無線）を提示する。それらの設備が、学校のどの場所にあるのか、学校内を探検し確認させる。その後、それぞれの設備の機能を確認する。（写真1）

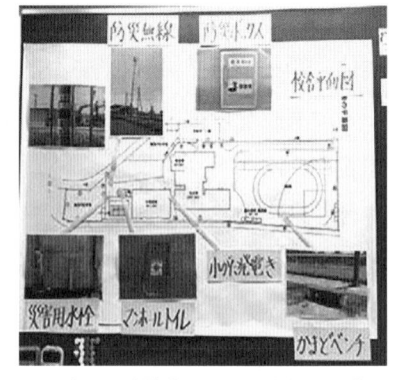

写真1　学校内にある災害対策設備

　2時間目は、前時の学習で調べた6点の設備が学校にある理由について予想させる。前時までに、設備一つ一つの機能を学習したため、児童は、設備の機能に着目しながら予想を立てることができる。

　児童の予想が出たところで、学校の敷地内に設置されている「2次開設避難所の看板」と「津波・高潮緊急避難所」の写真を提示する。この看板に書かれている情報をミクロに読み取らせ、津波が発生したら校舎の3階や屋上に避難するようになっていること、震度5弱以上の地震が発生したら避難所として開放されることを確認する。毎年、避難訓練で高所避難を行って

写真2　高所避難訓練の様子

いる（写真2）ため、その経験を想起させながら学習することができる。

　第1次は、単元の導入であるので、児童の身近にある資料を写真で提示し、児童の経験（高所避難訓練）と関連付けながら、切実な学習課題となるように工夫する。授業の終末で、教師が「これからの学習でもっと調べたいことはないですか」と問い、「学校の災害対策設備について考える」といった学習課題を設定することとなる。

4 成果と課題

　弥富市役所危機管理課が発行した防災マップを活用し、児童は「災害発生時、500mを

移動するには約45分必要」といった情報を入手した。そこから、自宅と学校の距離を調べ始めた。また、地域人材から「避難経路には2車線ある車道を確保するとよい」といった情報を入手した。普段、何気なく使っている通学路を見直すきっかけとなった。本単元の学習をとおして、地域の実態を見つめ直すことができた。また、第4次の「学校の災害対策設備について考える」の時間では、学校施設のハード面を見直すことのみに留まらず、実際、地域住民は避難した際に自分ができる役割を考えたり、多くの住民が混乱しないルールの必要性を訴えたりする姿があった。

　しかし、提案するだけで満足に終わる児童も見られた。地域の一員として「学習課題の解」を出す際、その解を出した判断理由を組み込んだ発表となることが大切である。

5 実践するときの留意点

　社会科授業において、主権者としての必須条件「知識習得に偏ることなく、児童自身が地域社会の一員であることを自覚して、地域が抱える問題に対して興味をもち、その解決を目指して考えることができる」児童を育成することが重要である。そのためには、児童にとって考えたくなる、議論したくなる学習課題が重要である。

　防災をテーマにすると、地域が抱える自然条件の課題に目が向けられる。しかし、地域の自然条件は課題ばかりではなく、自然の恩恵を受けてくらしが成立していることを押さえる必要がある。この視点が欠如すると、ここで生活することは難しいと、児童に判断させてしまう可能性がある。

　また、各地域で、自然災害に備えた防災訓練が毎年実施されている。この訓練に小学生も参加することが、地域の一員としてどのように行動するとよいか考えるきっかけとなる。地域連携を図りながら、単元の全体計画を作成することが今後より一層求められると考える。このように学校教育と地域が一体となり、その地域で生きていこうとする児童の資質・能力を育む授業設計と地域資源の活用が、開かれた教育課程の実現へとつながる。

〈引用・参考文献〉
(1) 文部科学省（2015）「資料1　教育課程企画特別部会　論点整理」（最終閲覧日2018.8.30）http://www.mext.go.jp/b_menu/shingi/chukyo/chukyo3/siryo/attach/1364310.htm
(2) 米田豊（2018）「『日本国憲法』の小学校らしい指導のアイデア」北俊夫編著『小学校社会科『新内容・新教材』指導アイデア』明治図書、pp.136-145.
(3) 田中治彦（2016）「主権者教育・市民教育と求められる学び」田中治彦他4名『やさしい主権者教育—18歳選挙権へのパスポート—』東洋館出版、pp.4-10.
(4) 柳田国男・和歌森太郎（1953）『社会科教育法』実業之日本社.
　柳田国男は、社会科を「一人前の選挙民をつくることを標榜できる最も好適な『世間』教育」と位置付け、社会科は主権者教育の中核を担うものである。ここで指摘されている「一人前の選挙民」とは、批判的に物事をとらえ、合理的な価値判断・意志決定ができる人と言い換えることができる。

〈監修者紹介〉

貝ノ瀬 滋 （かいのせ・しげる）

1948年、北海道生まれ。中央大学卒業、電気通信大学大学院博士後期課程中退。東京都内公立学校教諭、東京都教育委員会指導主事等を経て、三鷹市立第四小学校長、三鷹市教育長、三鷹市教育委員会委員長、政策研究大学院大学客員教授、東京家政大学特任教授等を歴任。主な役職として、中央教育審議会委員、全国コミュニティ・スクール連絡協議会会長（現在、顧問）、内閣官房教育再生実行会議委員、東京都教育会会長、文部科学省参与（現在、視学委員）等を務める。主な著書に『校長の実践経営術25の鉄則』『校長の実践対話術25の鉄則』（学事出版）、『図説コミュニティ・スクール入門』（一芸社）等がある。

〈編著者紹介〉

稲井達也 （いない・たつや）

1962年、東京都生まれ。日本女子体育大学教授・附属図書館長。博士（学術）。専門は国語科教育学、学校図書館学。上智大学文学部国文学科卒。東洋大学大学院文学研究科博士前期課程・筑波大学大学院図書館情報メディア研究科博士後期課程修了。第41回学校図書館賞受賞（2011年）、第59回読売教育賞国語教育部門優秀賞受賞（2010年）。日本 NIE 学会常任理事。日本国語教育学会研究部会・高等学校部会運営委員。東洋大学、上智大学、横浜国立大学、慶応義塾大学で教職課程の兼任講師を務める。著書に『資質・能力を育てる学校図書館活用デザイン―「主体的・対話的で深い学び」の実現―』（学事出版）、『主体的・対話的で深い学びを促す中学校・高校国語科の授業デザイン―アクティブラーニングの理論と実践―』（稲井達也・吉田和夫編著、学文社）、『世界から読む漱石『こころ』（アジア遊学 194）』（長尾直茂・上智大学研究機構ほか編著、分担執筆、勉誠出版）、『授業で活用する学校図書館　中学校・探究的な学習を目ざす実践事例』（編著、公益社団法人全国学校図書館協議会）、『教科力シリーズ小学校国語』（松本修編著、分担執筆、玉川大学出版部）などがある。

伊東　哲 （いとう・さとる）

1957年、東京都生まれ。東京学芸大学学長特別補佐（教職大学・現職教員研修担当）・教授。東京都公立中学校教諭（社会科）から世田谷区教育委員会及び東京都教育委員会指導主事、東京都教育庁義務教育特別支援教育指導課長、同指導部長、同教育監兼東京都教職員研修センター所長を経て、2017年度より現職。東京学芸大学教職大学院では「学校組織マネジメント演習」、「人権教育」、「教員の社会的役割と職能開発」等に関する授業を担当。研究テーマは「学校を支援するための効果的な教育行政のあり方」、「中学校社会科公民的分野における討議法を用いた授業の展開」等。2018年10月１日より八王子市教育委員会教育委員を務める。著書に『初任者研修実務必携』（初任者研修実務研究会編、分担執筆、第一法規）などがある。

吉田和夫 （よしだ・かずお）

玉川大学教師教育リサーチセンター客員教授、一般社団法人教育デザイン研究所代表理事。千葉県及び東京都公立中学校国語科・英語科教員、都・区指導主事、中学校副校長・校長を経て現職。文部科学省「常用漢字表改定に伴う学校教育上の対応に関する専門家会議」委員。文部科学省審査会主査。全日本中学校国語教育研究協議会前会長。東京都町田市生涯学習審議会会長・社会教育委員の会議長。主な著書に『これならできる！楽しい読書活動』（稲井達也・吉田和夫編著、学事出版）、『主体的・対話的で深い学びを促す中学校・高校国語科の授業デザイン』（稲井達也・吉田和夫編著、学文社）、『なぜ、あの先生は誰からも許されるのか？』『なぜ、あの学校は活力に満ちているのか？』（東洋館出版社）、主な共著書に『中学校国語科教育授業実践資料集』（ニチブン）、『新教育課程モデル事例集』（教育開発研究所）、DVD『映像で学ぶ校内研修教材 vol.3/4/5』（学事出版、監修）などがある。

「社会に開かれた教育課程」を実現する学校づくり
具体化のためのテーマ別実践事例15

2018年12月17日　初版発行

監修者 —— 貝ノ瀬 滋

編著者 —— 稲井達也・伊東 哲・吉田和夫

発行者 —— 安部英行

発行所 —— 学事出版株式会社

〒101-0021　東京都千代田区外神田２－２－３

電話03-3255-5471　FAX 03-3255-0248

ホームページ　http：//www.gakuji.co.jp

編集担当：丸山久夫（株式会社メディアクリエイト）

装丁：三浦正已（精文堂印刷デザイン室）

印刷・製本：精文堂印刷株式会社

ISBN978-4-7619-2521-5　C3037　Printed in Japan